U0102062

纵横
"一带一路"
中国高铁全球战略

徐飞 ◎ 著

THE **BELT**
AND **ROAD,**
and the Global Strategy of
China's High-speed Rail

格致出版社　上海人民出版社

"一带一路"经济走廊及其途经城市分布示意图

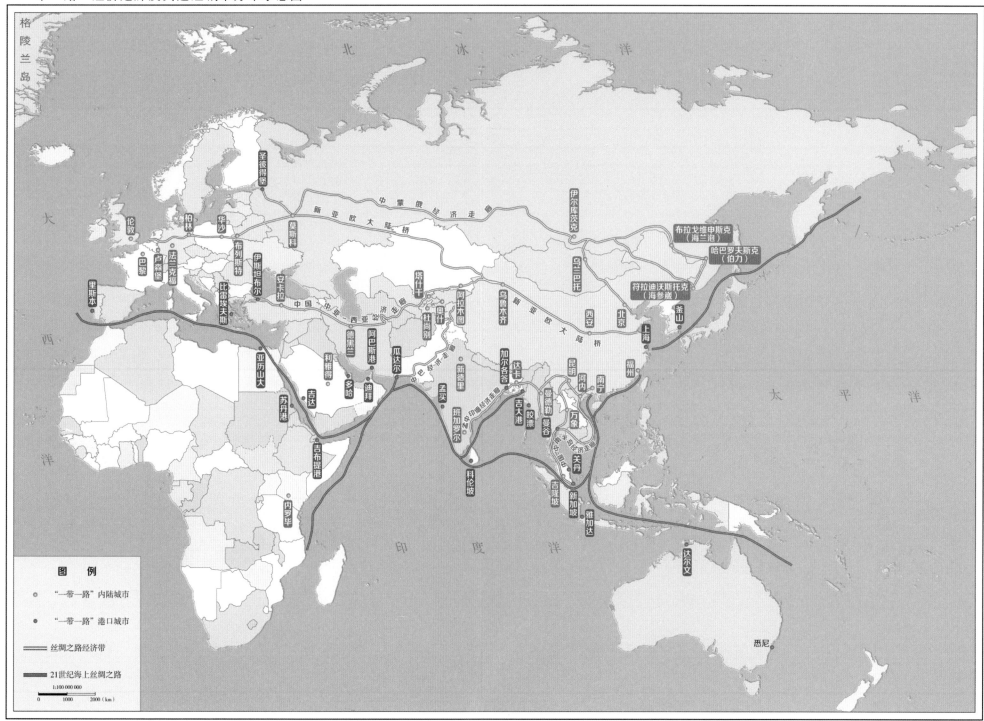

国家测绘地理信息局 监制

目　录

上　篇

中国高铁全球战略价值

第1章　中国高铁：国家金名片 ……… 5

1.1　世界高铁的三次建设高潮 ……… 5

1.2　弯道超车：中国高铁创新历程 ……… 7

1.3　举世瞩目的中国高铁成就 ……… 17

第2章　创新型国家战略下"中国高铁模式" ……… 26

2.1　中国创新驱动发展战略纲要 ……… 26

2.2　中国高铁跨越式发展的核心力量 ……… 35

2.3　中国创新型国家建设中的高铁经验 ……… 43

2.4　中国高铁全球战略价值 ……… 47

中 篇

"一带一路"与中国高铁"走出去"

第 3 章 "一带一路"：文轨车书郅大同 73

3.1 丝绸之路 75

3.2 "一带"先行，"一路"跟进 84

3.3 交融互鉴，包容发展——古代丝绸之路的当代精神延续
.... 89

3.4 丝绸之路呼唤轨道交通发展 100

3.5 "一带一路"框架下的"大交通" 104

第 4 章 中国高铁"走出去"的战略张力 114

4.1 中国高铁"走出去"的五大张力 114

4.2 中国高铁"走出去"：在挫折中砥砺前行 136

4.3 中国高铁"走出去"的十大挑战 143

第 5 章 中国高铁"走出去"战略 180

5.1 中国高铁"走出去"战略方位与路线 180

5.2 中国高铁"走出去"战略原则、布局与路径 188

5.3 中国高铁"走出去"战略要点 207

5.4 中国高铁"走出去"战略举措 226

下 篇

高铁时代的大学担当

第6章 "再工业化"浪潮下的高等工程教育 243

6.1 工程科学技术：人类文明演进的强大动力 243

6.2 后全球化时代的大国制造业战略 245

6.3 全球重要经济体高等工程教育的深刻变革 250

6.4 卓越工程人才的培养目标 256

第7章 高铁未来与大学教育 263

7.1 高铁产业变迁与"后高铁时代"的技术跃迁 263

7.2 高铁时代研究型大学的使命与征程 270

7.3 中国铁路高等教育与大学角色 276

7.4 全面支撑高铁研发与建设：特色研究型大学的探索

与实践 282

附 录

坚持走中国特色自主创新道路

——中国高速铁路的成功实践 291

加速突破轨道交通前沿技术和战略性颠覆性技术 300

中国高铁"走出去"应有国家级指挥部
　　——高铁走出国门，将开启以"路权"支撑"陆权"的
　　新陆权时代 304

茅以升工程教育理念的再实践 310

后　记 316

Contents

Part One

Global Strategic Value of China's High-speed Rail (HSR)

Chapter 1   China's HSR: Golden Symbol of China's Power 5

   1.1   Three Global Construction Upsurges of HSR 5

   1.2   Corner Overtaking: Highlights of China's HSR Innovations

         7

   1.3   Remarkable Achievements of China's HSR 17

Chapter 2   "China's HSR Pattern" in the Context of National Innovation-

            oriented Strategy 26

   2.1   Outlines of the Innovation-driven Development Strategy of

         China 26

2.2   Core Driving Forces of the Leap-forward Development

of China's HSR   35

2.3   China's HSR Experience Accumulated in the Establishment

of an Innovative Country   43

2.4   Global Strategic Value of China's HSR   47

Part Two

"The Belt and Road" Initiative and China's HSR "Going Global"

Chapter 3   "The Belt and Road" Initiative: Uniformity to Universality

.... 73

3.1   The Silk Road   75

3.2   The "Belt" Leads, the "Road" Follows   84

3.3   Assimilation and Mutual Learning to Achieve Inclusive

Development—Modern Version of the Ancient Silk Road

Spirit   89

3.4   The Silk Road Economic Initiative Calls for Development of

Rail Transit   100

3.5   "Great Transportation" Against the Backdrop of "the Belt

and Road" Initiative   104

Chapter 4   Strategic Tensions of China's HSR "Going Global" 114

    4.1   Five Tensions of China's HSR "Going Global" 114

    4.2   China's HSR "Going Global" : Mix of Opportunity and Risk, Setbacks and Accomplishments 136

    4.3   Ten Challenges Confronted by China's HSR "Going Global" 143

Chapter 5   China's HSR "Going Global" Strategy 180

    5.1   Strategic Positioning and Orientation for China's HSR "Going Global" 180

    5.2   Strategic Principle, Layout and Method for China's HSR "Going Global" 188

    5.3   Strategic Focuses for China's HSR "Going Global" 207

    5.4   Strategic Measure for China's HSR "Going Global" 226

Part Three
University's Responsibilities and Role in the HSR Era

Chapter 6   Higher Engineering Education in the Re-industrialization Wave 243

    6.1   Engineering Science and Technology: Strong Impetus of Human Civilization Evolution 243

6.2 Major Powers' Manufacturing Strategy in the Post-globalization Era 245

6.3 Fundamental Changes of Higher Engineering Education in the Global Major Economies 250

6.4 The Goal of Developing Outstanding Engineering Talents 256

Chapter 7 HSR's Future and Higher Education 263

7.1 Change of HSR Industry and Technological Leap of Post-HSR Era 263

7.2 Mission and Development Course of Research-oriented Universities in the HSR Era 270

7.3 Railway Higher Education of China and University's Role 276

7.4 Full Support to HSR R&D and Development: Explorations of Distinctive Research-oriented University and Practice 282

Appendix

Adhere to the Path of Independent Innovation with China's

Characteristics—The Successful Practice of China's HSR

.... 291

Accelerate the Breakthrough of the Frontier Technology in

Rail Transit System and the Breakthrough of the Strategic

Technology Revolution 300

A National Headquarter Should be Founded for China's HSR

"Going Global" —HSR "Going-out" Will Start a New Era

With Power of Land Supported by Power of Road 304

Re-practice on Mao Yisheng's Engineering Educational Thoughts

.... 310

Postscript 316

上 篇

中国高铁
全球战略价值

从 2008 年中国首条高速铁路——京津城际铁路运营通车至今，中国已经成为世界上高速铁路发展最快、系统技术最全、集成能力最强、在建规模最大、运营里程最长、运营速度最高、产品性价比最优的国家。中国高铁在几代人的不懈奋斗下，经历了从独立开发试验列车，到通过引进获得成熟整车经验，再到在新经验基础上自主研发全新整车的不平凡历程，迈出了一条从制造走向创造、从探索走向突破、从追赶走向引领的崛起之路。中国高铁已然和载人航天、载人深潜、登月工程、超级计算机、北斗卫星一起，成为了创新型国家建设的标志性成就。

第 1 章
中国高铁：
国家金名片

1.1　世界高铁的三次建设高潮

　　高速铁路，按照国际铁路联盟（UIC）的定义，一般是指新线设计速度 250 公里 / 小时以上，提速线路 200 公里 / 小时以上的铁路。中国对高速铁路的定义略有差异，特指新建开行速度 250 公里 / 小时（含预留）及以上动车组列车，初期运营速度不小于 200 公里 / 小时的客运专线铁路。高速铁路列车追踪间隔时间最小按 3 分钟设计，轴重不大于 17 吨，编组不大于 16 辆。① 就全球而言，高铁的发展先后经历了三次建设高潮。②

----

① 参见 2013 年 1 月 9 日原铁道部发布的第六版《铁路主要技术政策》。
② 何尚：《世界铁路发展的第三次浪潮》，《中国报道》2010 年第 12 期，第 46—47 页。

第一次浪潮（20世纪60年代至80年代末）

第一次浪潮始于20世纪60年代，止于80年代末。一些发达国家，如日本、法国、意大利和德国纷纷铺设了各自高铁线路。其间比较有代表性的高铁线路有日本的新干线，法国的东南TGV线、大西洋TGV线，意大利罗马至佛罗伦萨线，以及德国汉诺威至维尔茨堡高速新线。世界高速铁路总里程达3198公里。

第二次浪潮（20世纪80年代末至90年代中期）

第二次浪潮从20世纪80年代末开始，至90年代中期。由于日本等国高速铁路建设巨大成就的示范效应，世界各国对高速铁路投入了极大关注并付诸实践。欧洲的法国、德国、意大利、西班牙、比利时、荷兰、瑞典和英国等国表现最为突出：1991年瑞典开通X2000"摆式列车"；1992年西班牙引进法、德两国技术建成471公里长的马德里至塞维利亚高速铁路；1994年第一条高速铁路国际连接线，经英吉利海峡隧道把法国与英国连接在一起；1997年从巴黎开出的"欧洲之星"列车，又将法国、比利时、荷兰和德国相连接。

第三次浪潮（20 世纪 90 年代中期至今）

第三次浪潮自 20 世纪 90 年代中期至今，波及亚、欧、北美以及大洋洲，可谓世界交通运输业的一场革命。俄、韩、澳、英、荷及中国台湾等国家和地区先后开始了高铁建设。为配合欧洲高铁网建设，东欧与中欧的捷克、匈牙利、波兰、奥地利、希腊以及罗马尼亚等国家，也对其干线铁路进行全面提速改造。此外，美、加、印、土等国也开始对高铁给予关注。

在这三次浪潮中，中国高铁后来居上，不仅技术先进、安全可靠，而且兼容性好、性价比高。

1.2　弯道超车：中国高铁创新历程

中国高铁发展经历了一个从无到有、从弱到强，从"跟跑"到"并跑"再到"领跑"的过程，实现了从"技术引进"到"中国制造"再到"中国创造"的跨越式赶超，已经形成了完整的高速铁路勘察、设计、建设、装备、运营、安全管理标准体系以及高铁装备品牌和自主知识产权，成功开辟出了一条具有中国特色的高速铁路跨越式自主创新之路。中国高铁现已成为"中国制造"和"中国速度"的标杆。

回顾中国高铁的创新历程，大致可划分为四个时期：技术积累期，技术引进、消化、吸收再创新期，自主创新期，全面自主创新期（图 1.1）。

技术积累期（2004 年之前）

技术积累期奠定了中国高铁创新发展的坚实基础。早在 20 世纪 90 年代初，中国就开始了对高速铁路的技术研究和工程实践。当时的国家科委就将"高速铁路成套技术"重大科技攻关项目列入国家"八五"重点科技攻关计划，组织相关科研力量着手中国高铁的联合攻关，为兴建京沪高铁和随后 6 次铁路大提速做了必要的前期技术储备。自 1997 年开始的既有铁路大面积提速工程，以及 1998 年 8 月开工建设、2003 年 10 月投入运营的秦皇岛至沈阳高铁，为中国高铁发展积累了经验。

这一期间中国铁路部门依靠自身技术力量，立足自主创新，先后研制出以"中华之星"为代表的十几种高速列车型号。虽然这一时期中国研发的高速列车与国外先进国家相比存在较大差距，但通过自主研发，奠定了高速铁路企业早期的技术开发基础，形成了初步的高速铁路技术体系，培育和锻炼了人才队伍，为下一时期的技术引进、消化、吸收再创新提供了技术与人才储备。

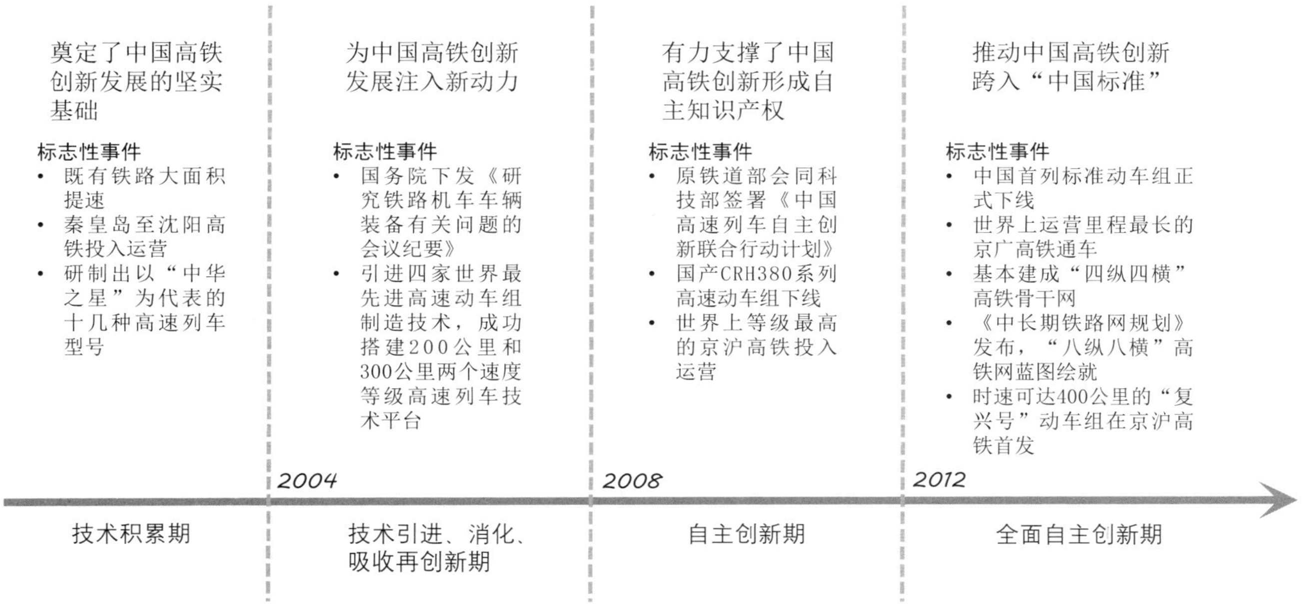

奠定了中国高铁创新发展的坚实基础

标志性事件
- 既有铁路大面积提速
- 秦皇岛至沈阳高铁投入运营
- 研制出以"中华之星"为代表的十几种高速列车型号

技术积累期

2004

为中国高铁创新发展注入新动力

标志性事件
- 国务院下发《研究铁路机车车辆装备有关问题会议纪要》
- 引进四国世界最先进高速动车组制造技术，成功搭建200公里和300公里两个速度等级高速列车技术平台

技术引进、消化、吸收再创新期

2008

有力支撑了中国高铁创新形成自主知识产权

标志性事件
- 原铁道部联合科技部签署《中国高速列车自主创新联合行动计划》
- 国产CRH380系列高速动车组下线
- 世界上等级最高的京沪高铁投入运营

自主创新期

2012

推动中国高铁创新跨入"中国标准"

标志性事件
- 中国首列标准动车组正式下线
- 世界上运营里程最长的京广高铁通车
- 基本建成"四纵四横"高铁骨干网
- 《中长期铁路网规划》发布，"八纵八横"高铁网蓝图绘就
- 时速可达400公里的"复兴号"动车组在京沪高铁首发

全面自主创新期

图1.1　中国高铁创新历程

技术引进、消化、吸收再创新期（2004—2008 年）

技术引进、消化、吸收再创新期为中国高铁创新发展注入新动力。2004 年 4 月，国务院下发《研究铁路机车车辆装备有关问题的会议纪要》，明确了高速动车组引进、消化、吸收、再创新的技术路线。原铁道部会同国家发改委联合下发《时速 200 公里及以上动车组技术引进与国产化实施方案》，决定实施"以全面转让技术为前提，以引进核心和关键技术为重点，以国内企业为主体，以国产化为最终目的"的行动方案。

具言之，中国聚力引进四家世界最先进的高速动车组制造技术，成功搭建 200 公里和 300 公里两个速度等级的高速列车技术平台；统筹各方资源，组织国内轨道交通相关部门，开展引进技术的消化、吸收再创新，以掌握高速动车组的九大核心技术和十大主要配套技术。这一过程为中国高速铁路创新发展注入了新动力，极大地推动了中国高铁基础理论和关键技术研究的全面进步，大幅度提升了中国高铁技术装备水平，并在迅速升级高铁技术的同时，将相关技术加速渗透到整个中国高铁的产业链中。

自主创新期（2008—2012 年）

自主创新期有力支撑了中国高铁创新形成自主知识产权。2008

年 2 月，原铁道部会同科技部共同签署《中国高速列车自主创新联合行动计划》，提出要在消化吸收国外先进技术的基础之上，建立并完善具有自主知识产权、国际竞争力强的时速 350 公里及以上中国高速铁路技术体系，以满足京沪高速铁路时速 380 公里的运营需求。两部委联合行动以"十一五"国家科技支撑计划"中国高速列车关键技术及装备研制"项目为支撑，以政府为主导、企业为主体、市场为导向、项目合作为纽带的方式实现科技创新，推动国内开展高速列车正向设计和自主创新。

2008 年 8 月，中国第一条设计时速 350 公里、穿越松软土地区的北京至天津高铁投入运营。2010 年，具有高度自主知识产权的国产 CRH380 系列高速动车组相继下线，成功实现了对头型、轻量化车体、转向架、减振降噪、系统集成等关键技术的突破，为下一阶段实现核心技术全面自主创新、推动中国高速铁路步入"中国标准"阶段打下了坚实基础。2011 年 6 月，世界上等级最高、最高时速可达 486 公里的"京沪高铁"（全长 1318 公里）投入运营。

全面自主创新期（2012 年至今）

全面自主创新期推动中国高铁创新跨入"中国标准"。2012 年按照国家创新驱动发展战略，坚持自主知识产权、安全可靠、标准化、系列化、简统化、经济性、节能环保等原则,积极推进具有完全自主知识产权的中国标准动车组研制。2015 年 6 月,中国首列标准动车组正式下线,标志着中国高速铁路创新正式跨入"中国标准"时代。

中国动车组技术标准体系在大量采用中国国家标准、行业标准以及专门技术标准的同时,积极融入部分国际标准和国外先进技术标准。同时,以高速动车组出口形成突破口,带动工务工程、牵引供电、通信信号、运营管理等高铁成套技术出口,全面打造"中国高铁"品牌,全面提升中国高铁在国际市场的竞争力,进而实现中国高铁"走出去"的战略目标。

2012 年 12 月,世界上第一条穿越高寒季节性冻土地区的哈尔滨至大连高铁建成运营;2012 年 12 月,世界上运营里程最长(全长 2298 公里)、跨越温带亚热带多种地形地质区域和众多水系的北京至广州高铁全线通车;2014 年 12 月,世界上一次建设里程最长(1777 公里)、穿越沙漠地带和大风区的兰州至乌鲁木齐高铁投入运营;2015 年 12 月,全球第一条 653 公里的环岛高铁,也是迄今为止世界上最南端的高铁海南环岛高铁开通运营。

截至 2015 年底,中国已基本建成"四横四纵"高速铁路骨干网,高铁运营里程达 1.9 万公里,居世界第一位,占世界高铁总里程的 60％ 以上，其中时速 300 公里高铁达 9661 公里。根据国家"十三五"规划，中国在未来五年将加快完善高速铁路网，至 2020 年高速铁路营业里程将达 3 万公里，覆盖 80％ 以上的大城市。2015 年中国还分别与俄罗斯、印度尼西亚达成协议，合作修建莫斯科—喀山高铁和雅加达—万隆高铁，成功实现中国高速铁路由国内迈向世界的突破性进展。

2016 年 7 月，国家发展改革委、交通运输部、中国铁路总公司联合发布了《中长期铁路网规划》，勾画了新时期"八纵八横"高速铁路网的宏大蓝图（表 1.1，图 1.2）。"八纵"通道包括：沿海通道、京沪通道、京港（台）通道、京哈—京港澳通道、呼南通道、京昆通道、包（银）海通道、兰（西）广通道。"八横"通道包括：绥满通道、京兰通道、青银通道、陆桥通道、沿江通道、沪昆通道、厦渝通道、广昆通道。"八纵八横"高铁网，即以沿海和京沪等"八纵"通道和陆桥、沿江等"八横"通道为主干，城际铁路为补充的高速铁路网。"八纵八横"可实现相邻大中城市间 1—4 小时交通圈、城市群内 0.5—2 小时交通圈，连接起 50 万人以上大中城市。到 2025 年高速铁路营业里程将达 3.8 万公里。

通过持续推进自主创新，高铁机车车辆装备制造领域一批核心关键技术实现重大突破：牵引变流技术、微机网络技术、制动技术

表 1.1 中国"八纵八横"高速铁路主通道规划路线

八纵	沿海通道	大连（丹东）—秦皇岛—天津—东营—潍坊—青岛（烟台）—连云港—盐城—南通—上海—宁波—福州—厦门—深圳—湛江—北海（防城港）
	京沪通道	北京—天津—济南—南京—上海（杭州），南京—杭州、蚌埠—合肥—杭州，北京—天津—东营—潍坊—临沂—淮安—扬州—南通
	京港（台）通道	北京—衡水—菏泽—商丘—阜阳—合肥（黄冈）—九江—南昌—赣州—深圳—香港（九龙），合肥—福州—台北，南昌—福州（莆田）
	京哈—京港澳通道	哈尔滨—长春—沈阳—北京—石家庄—郑州—武汉—长沙—广州—深圳—香港，广州—珠海—澳门
	呼南通道	呼和浩特—大同—太原—长治—晋城—焦作—郑州—襄阳—常德—益阳—娄底—邵阳—永州—桂林—南宁
	京昆通道	北京—石家庄—太原—西安—成都（重庆）—昆明路，北京—张家口—大同—太原
	包（银）海通道	包头—延安—西安—重庆—贵阳—南宁—湛江—海口（三亚），银川—西安，海南环岛
	兰（西）广通道	兰州（西宁）—成都（重庆）—贵阳—广州
八横	绥满通道	绥芬河—牡丹江—哈尔滨—齐齐哈尔—海拉尔—满洲里
	京兰通道	北京—呼和浩特—银川—兰州
	青银通道	青岛—济南—石家庄—太原—银川
	陆桥通道	连云港—徐州—郑州—西安—兰州—西宁—乌鲁木齐
	沿江通道	上海—南京—合肥—武汉—重庆—成都，南京—安庆—九江—武汉—宜昌—重庆，万州—达州—遂宁—成都
	沪昆通道	上海—杭州—南昌—长沙—贵阳—昆明
	厦渝通道	厦门—龙岩—赣州—长沙—常德—张家界—黔江—重庆
	广昆通道	广州—南宁—昆明

资料来源：国家发展改革委、交通运输部、中国铁路总公司，《中长期铁路网规划》，2016 年 7 月。

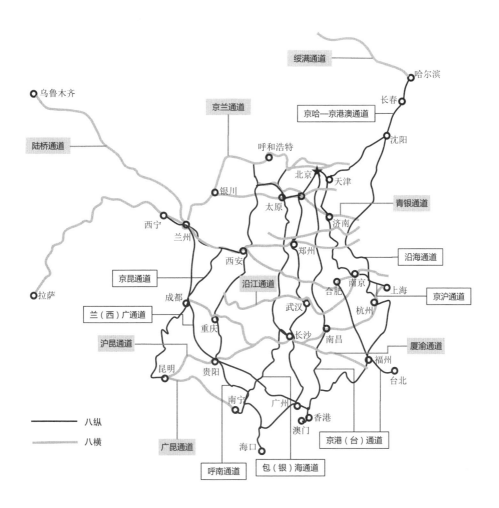

图 1.2 中国"八纵八横"高速铁路网规划示意图

等核心技术，打破了国外技术和产业垄断；开发研制了以高铁为代表的一系列技术先进、安全可靠、具有价格优势的各类高端轨道交通装备产品；形成了较为完善的轨道交通装备的创新平台、产品开发平台和生产制造平台；以中国标准研制成功的动车组，成为突破动车组核心技术、掌握自主知识产权的国家战略体现。

2017年6月25日，由中国铁路总公司牵头研制、具有完全自主知识产权、达世界先进水平的中国标准动车组被命名为"复兴号"，时速可达400公里。该标准动车组现有"CR400AF""CR400BF"两种型号。6月26日，"复兴号"在京沪高铁两端的北京南站和上海虹桥站双向首发。接下来中国将在"复兴号"动车组平台基础上，围绕安全、经济、舒适、节能、人性化等方面持续开展科技创新，研制不同速度等级、适应不同环境需求的自主化、标准化动车组系列产品。

中国高速铁路取得的巨大成就，赢得了包括国际同行在内的社会各界的广泛赞誉，得到了党中央、国务院领导的充分肯定。习近平总书记在考察相关企业后指出，"高铁是我国装备制造的一张亮丽名片"。高铁"超级推销员"李克强总理更是在不同场合强调，中国高速铁路具有"技术先进、安全可靠、性价比高、运营经验丰富"的巨大优势，并多次表示"推销中国高铁时心里特别有底气"。一国的总理在海外尽心尽力地为高铁做"推销员"，这大概是中国改革开放以来罕有的事。

当前，中国高铁紧紧抓住国家实施"一带一路"倡议的难得机遇，大力实施国际化经营战略，积极拓展海外经营业务，品牌价值和国际影响力逐年攀升，以高铁为代表的现代轨道交通装备，成为中国高端装备"走出去"的排头兵。目前，中国高铁产品已出口全球六大洲近百个国家和地区，出口产品实现从中低端到高端的升级，出口市场实现从亚非拉到欧美的飞跃，出口形式实现从产品出口到产品、资本、技术、服务等多种形式的组合出口。

1.3　举世瞩目的中国高铁成就

回顾世界高铁发展史我们发现：日本用半个世纪的时间实现了 2300 多公里的高铁里程运行，平均运营时速 243 公里；法国历时 40 余年建设了 1900 多公里的 TGV 高速铁路，平均运营时速 277 公里；德国历时 20 余年建设了近 1600 公里的 ICE 高速铁路，平均运营时速 232 公里。中国则只用不到 7 年的时间建设运营了 1.9 万公里高速铁路，超过世界其他国家高铁运营里程的总和。[1]

---

① 盛光祖：《正在阔步前行的中国高铁》，《求是》2014 年第 19 期，第 31—33 页。

中国高铁成就举世瞩目,以下详叙之。

规模最大

截至 2016 年底,中国高速铁路营业里程已突破 2.2 万公里,是世界上高速铁路运营里程最长、在建规模最大、拥有动车组列车最多、运营最繁忙的国家。

以 2015 年国庆"黄金周"为例,全国开行动车组列车即达 3672 列,同比增加 852 列,共发送旅客 4340.7 万人次,同比增长 30.3%,日均发送旅客 434.1 万人次,占全国铁路旅客发送总量的 44.4%。其中,9 月 30 日发送旅客 480.9 万人次,创动车组单日发送旅客最高纪录。京沪、京广等近 20 条高铁旅客发送量再次刷新历史纪录,其中京沪高铁最高日发送旅客 43 万人次,京广高铁最高日发送 49.2 万人次。中国高铁发展态势由此可见一斑。

技术先进

在工程建造方面,为适应我国地质及气候条件复杂多样的特点,在路基、桥梁、隧道、客站等基础设施建设,以及无砟轨道、牵引供电、通信信号等专业领域,攻克了一系列技术难题。

在高速动车组方面，通过引进消化吸收再创新，研发了高速动车组关键技术和配套技术，基本形成了时速200—250公里和时速300—350公里两个序列的动车组技术标准体系，实现了国内设计制造，着力打造中国标准动车组品牌。

2010年12月3日，CRH380AL高速动车组在京沪高铁枣庄至蚌埠段，试验运行最高时速达486.1公里，再次刷新此前在沪杭高铁创下的时速416.6公里的世界运营铁路最高纪录。需要指出的是，虽然早在2007年4月3日，法国高速列车V150在行驶试验中时速达574.8公里，但中国创造的486.1公里最高时速，是用正常运行的动车组CRH380A在日常运营线路上跑出的，运行后列车完好无损。而法国创造最高时速574.8公里的列车，是经过特殊试验改装而成的，机车采用并列4座的窄车体设计，运行线路也是特意建造的花岗岩特级道砟。试验结束后，列车则几乎完全报废。

在运营管理方面，掌握了复杂路网条件下的高铁运营调度技术，建立了适应大客流、高密度的客运服务系统，构建了高铁安全风险防控体系，为高铁安全运营提供了可靠技术保障。

未来，中国高铁将研制不设分相、远程监控的牵引供电系统，基于LTE通信的列控系统，基于大数据的固定、移动设备智能监测和预警技术等，以确立世界高铁的领头羊地位。[①]

安全可靠

毋庸讳言，自 2011 年"7·23"甬温线事故发生以来，社会舆论对中国高铁安全一直存在误解，舆论"阴影"至今仍未消弭。实际上，"7·23"事故的列车运行速度只有 100 公里 / 小时左右，与"高铁"不沾边，事故原因也非轨道和机车，而是信号运行指挥系统出了问题。

当前中国高铁设计运行速度可达 400 公里 / 小时。不按最高额定速度运行并非因为担心安全问题。"按照中国现有的轨道技术，即使按照 385 公里时速运行，我们也完全能够保证安全。只是出于延长机车和轨道寿命等更多考虑，我们才要寻找最为'经济'的实际运行速度。"[②]

事实上，中国高铁在运营过程中，不仅构建了闭环管理的安全保障体系，实现各种移动设备和固定设施的信息实时采集、实

---

① 卢春房：《中国高速铁路的技术特点》，《科技导报》2015 年第 18 期，第 13—19 页。

② 王梦恕：《高铁太快不安全？ 385 公里时速也完全没问题》，《澎湃新闻》2015 年 10 月 17 日。

时分析，还建造了庞大的铁路调度指挥系统，有力地保障了列车大密度开行。目前，每天全路运行旅客列车7000多列，其中动车组3000多列，货物列车20000多列。

不仅如此，依靠先进的高速综合检测车，在开通前对列车进行验证，在开通后，每10天对所有线路巡检一次。此外，正在研发的全国地震监测台网监测的地震监控预警系统，利用电磁波和地震波速度差及P波和S波速度差，提前发布地震强度和到达时间的预警信息，向影响区域高速铁路提供数秒至数十秒的预警时间，使高速列车能提早制动。

兼容性好

中国高铁在工程建设、动车组、列控、牵引供电等主要领域，与世界先进技术具有良好的兼容性。不仅融合UIC（国际铁路联盟标准）、IEC（国际电工委员会标准）、ISO（国际标准化组织标准）、EN（欧洲标准）、JIS（日本工业标准）等国际先进标准，也与德国的西门子（Velaro-E）、日本的川崎重工（E2-1000）、法国的阿尔斯通（SM3）、加拿大的庞巴迪（Regina）等完全兼容。

兼容性好源于中国高铁发展过程中突出的系统集成创新能力。当前，中国不仅全面掌握了高铁总体设计、接口管理、联调联试等关键技术，还依托中国高铁运营大数据，就进一步降低高铁运行全寿命周期成本、提高列车调度效率、减缓机车零部件老化磨损等前沿问题展开研究，以不断优化高铁的整体性能。①

性价比高

中国高铁性价比高，首先体现在建设工期和质量上。通过创新施工组织动态管理模式，以工厂化、机械化等为支撑，实现施工方案、资源配置与控制目标的最佳匹配，大大提高了建设效率，确保了工期和质量。工期短并不是不合理地压缩工期，而是通过科学测算、合理确定工期来实现的。因此，中国高铁建设周期要大大低于其他国家（图 1.3）。

其次，根据世界银行 2014 年 7 月的研究报告，中国高铁每公里建设成本约为发达国家的 2/3。新研发的列车采用镁合金、碳纤维等先进的轻量化材料，运用有"中国元素"的低阻力设计，采用高效的牵引制动系统，关注最易损耗的每个零部件，从而使整车寿命可达 30 年。

---

① 《中国高铁牛在哪里》，《新民周刊》2015 年第 41 期，第 6—7 页。

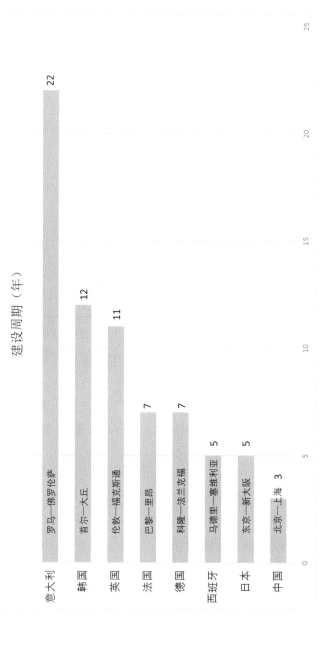

图 1.3　世界各国高铁建设周期比较

节能环保

节能环保是中国高铁的一大优势。研究发现，如果设定普通铁路每人每公里能耗为 1.0，则高铁为 1.42，小汽车为 8.5，飞机为 7.44。不仅如此，随着高铁节能技术的进步，其节能效果也得到不断改进。UIC 研究表明，在同一条线路上高速列车需消耗的能量比普速列车要小。[①] 目前，中国高速动车组人均百公里耗电不到 8 度。[②] 高铁车站采用太阳能光伏发电、地缘热泵等新能源技术。在节地和降噪方面，在线路上大量采用以桥带路方式。与路基相比，桥梁每公里节约土地 3/5。施工时采取路基边坡植物防护、覆土复耕复植等水土保持措施，通过设置声屏障和减振措施，有效降低高铁噪声对环境的影响。

值得一提的是，中国是世界上少数几个掌握高铁永磁牵引系统技术的国家之一。就技术系统的演进而言，从直流传动牵引系统，到交流传动牵引系统，从感应异步传动，转向永磁同步传动，永磁同步牵引系统契合了当前节能减排、绿色环保的技术发展趋势，成为世界大国竞相研究的技术热点。中国研制的永磁同步牵

---

① 周新军:《中国还需大力发展高铁吗——兼论高铁的节能减排效应》,《中国经济报告》2015 年第 7 期，第 66—69 页。

② 卢春房:《中国高速铁路的技术特点》,《科技导报》2015 年第 18 期，第 13—19 页。

引系统，呈现出高效率、高功率密度优势，显著降低了高速列车的牵引能耗。目前，电机额定效率达到98%以上，电机损耗降至原来的1/3。在世界各国追求"绿色交通"的时代大背景下，永磁同步牵引系统已成为中国高速铁路技术的一个典范。①

---

① 曹昌、李永华：《中国高铁用上了世界最先进的牵引技术》，《中国经济周刊》2015年第24期，第43—45页。

第 2 章
创新型国家战略下
"中国高铁模式"

2.1　中国创新驱动发展战略纲要

　　党的十八大提出实施创新驱动发展战略，强调科技创新是提高社会生产力和综合国力的战略支撑，必须摆在国家发展全局的核心位置。党的十八届五中全会提出"创新、协调、绿色、开放、共享"的发展理念，把发展的基点放在创新上，使之成为引领发展的第一动力。2016 年，中共中央、国务院发布《国家创新驱动发展战略纲要》(以下简称《纲要》)，这是中央在新的发展阶段确立的立足全局、面向全球、聚焦关键、带动整体的国家重大发展战略。①

---

① 《中共中央国务院印发〈国家创新驱动发展战略纲要〉》,《人民日报》2016 年 5 月 20 日第 1 版。

战略背景

创新驱动就是创新成为引领发展的第一动力，科技创新与制度创新、管理创新、商业模式创新、业态创新和文化创新相结合，推动发展方式向依靠持续的知识积累、技术进步和劳动力素质提升转变，促进经济向形态更高级、分工更精细、结构更合理的阶段演进。

当今世界正处在大变革大调整之中。全球经济增长放缓，提升全要素生产率以获得新的增长点，已成为世界各国寻求实现新一轮经济繁荣的战略选择。全球新一轮科技革命、产业变革和军事变革加速演进，科学探索从微观到宇观各个尺度上向纵深拓展，以智能、绿色、泛在、可持续为特征的群体性技术革命将引发国际产业分工重大调整，颠覆性技术不断涌现，正在重塑世界竞争格局、改变国家力量对比，创新驱动成为许多国家谋求竞争优势的核心战略。

当今中国，科技创新已成为支撑国家发展、保障国家安全的关键力量和锐利武器，扮演着现代化建设和实现"两个一百年"奋斗目标发动机的角色。经过几十年的不懈努力，中国科技在诸多领域取得了一大批有国际影响的重大成就。载人航天、载人深潜、探月工程、超级计算、北斗卫星、人工智能等持续突破，带动了相关科学、技术和工程领域的发展。高铁、桥梁、隧道、特高压输变电、新能源（风电、核电、光伏）、高难度油气田、超级水稻、移动互联网、移动支付等领域的技术日益成熟，开始向国外出口。

在铁基超导、中微子、量子信息、外尔费米子、纳米科技、空间科学、干细胞和再生医学、生命起源和进化等若干前沿和新兴领域研究中，中国也取得一批世界领先的重大成果。① 中国科学院科技战略咨询研究院等机构发布的《2016研究前沿》报告表明，在国际180个热点前沿和新兴前沿中，中国表现卓越的研究前沿有30个，超过了英国、德国、日本、法国，仅次于美国位列世界第二，化学、材料、物理、工程、数学、地学等主流学科已接近世界前列。

在充分肯定中国科技快速崛起的同时，需要深刻认识到中国在科技创新方面存在的差距。在加快推进中华民族伟大复兴中国梦的关键阶段和创新驱动转型发展的关键时期，唯有勇立世界科技创新潮头，才能赢得发展主动权，为人类文明进步做出更大贡献。今后必须始终坚持抓创新就是抓发展、谋创新就是谋未来，

---

① 潘教峰：《中国加速迈向世界创新中心》，《参考消息》2017年3月16日第11版。

让创新成为国家意志和全社会的共同行动，走出一条从人才强、科技强到产业强、经济强、国家强的发展新路径，为中国未来十几年乃至更长时间创造一个新的增长周期。

战略要求

坚持走中国特色自主创新道路，解放思想、开放包容，把创新驱动发展作为国家的优先战略，以科技创新为核心带动全面创新，以体制机制改革激发创新活力，以高效率的创新体系支撑高水平的创新型国家建设，推动经济社会发展动力根本转换，为实现中华民族伟大复兴的中国梦提供强大动力。

《纲要》提出了以下几项基本原则：

紧扣发展。坚持问题导向，面向世界科技前沿、面向国家重大需求、面向国民经济主战场，明确我国创新发展的主攻方向，在关键领域尽快实现突破，力争形成更多竞争优势。

深化改革。坚持科技体制改革和经济社会领域改革同步发力，强化科技与经济对接，遵循社会主义市场经济规律和科技创新规律，破除一切制约创新的思想障碍和制度藩篱，构建支撑创新驱动发展的良好环境。

强化激励。坚持创新驱动实质是人才驱动，落实以人为本，尊重创新创造的价值，激发各类人才的积极性和创造性，加快汇聚一支规模宏大、结构合理、素质优良的创新型人才队伍。

扩大开放。坚持以全球视野谋划和推动创新，最大限度用好全球创新资源，全面提升我国在全球创新格局中的位势，力争成为若干重要领域的引领者和重要规则制定的参与者。

《纲要》明确了分三步走的战略目标：

第一步，到 2020 年进入创新型国家行列，基本建成中国特色国家创新体系，有力支撑全面建成小康社会目标的实现。

第二步，到 2030 年跻身创新型国家前列，发展驱动力实现根本转换，经济社会发展水平和国际竞争力大幅提升，为建成经济强国和共同富裕社会奠定坚实基础。

第三步，到 2050 年建成世界科技创新强国，成为世界主要科学中心和创新高地，为我国建成富强民主文明和谐的社会主义现代化国家、实现中华民族伟大复兴的中国梦提供强大支撑。

战略部署

实现创新驱动是党中央国务院面向世界、面向未来、面向现代化作出的重大战略选择。创新驱动是一个系统性的变革，要按照"坚持双轮驱动、构建一个体系、推动六大转变"进行布局，构建新的发展动力系统。

"双轮驱动"就是科技创新和体制机制创新两个轮子相互协调、持续发力。抓创新首先要抓科技创新，补短板首先要补科技创新的短板。科学发现对技术进步有决定性的引领作用，技术进步有力推动发现科学规律。要明确支撑发展的方向和重点，加强科学探索和技术攻关，形成持续创新的系统能力。体制机制创新要调整一切不适应创新驱动发展的生产关系，统筹推进科技、经济和政府治理等三方面体制机制改革，最大限度释放创新活力。

"一个体系"就是建设国家创新体系。要建设各类创新主体协同互动和创新要素顺畅流动、高效配置的生态系统，形成创新驱动发展的实践载体、制度安排和环境保障。明确企业、科研院所、高校、社会组织等各类创新主体功能定位，构建开放高效的创新网络，建设军民融合的国防科技协同创新平台。要切实改进创新治理，进一步明确政府和市场分工，构建统筹配置创新资源的机制。要完善激励创新的政策体系、保护创新的法律制度，构建鼓励创新的社会环境，激发全社会创新活力。

"六大转变"就是：发展方式从以规模扩张为主导的粗放式增长向以质量效益为主导的可持续发展转变；发展要素从传统要素主导发展向创新要素主导发展转变；产业分工从价值链中低端

向价值链中高端转变；创新能力从"跟踪""并行""领跑"并存、"跟踪"为主向"并行""领跑"为主转变；资源配置从以研发环节为主向产业链、创新链、资金链统筹配置转变；创新群体从以科技人员的小众为主向小众与大众创新创业互动转变。

战略任务

紧紧围绕经济竞争力提升的核心关键、社会发展的紧迫需求、国家安全的重大挑战，采取差异化策略和非对称路径，强化重点领域和关键环节的任务部署。

其一，推动产业技术体系创新，创造发展新优势。加快工业化和信息化深度融合，把数字化、网络化、智能化、绿色化作为提升产业竞争力的技术基点，推进各领域新兴技术跨界创新，构建结构合理、先进管用、开放兼容、自主可控、具有国际竞争力的现代产业技术体系，以技术的群体性突破支撑引领新兴产业集群发展，推进产业质量升级。

发展新一代信息网络技术、智能绿色制造技术、生态绿色高效安全的现代农业技术、安全清洁高效的现代能源技术及资源高效利用和生态环保技术，增强经济社会发展的信息化基础，促进制造业向价值链高端攀升，确保粮食安全和食品安全。推动能源生产和消费革命，建设资源节约型和环境友好型社会，遏制生态环境恶化趋势，使人们享有舒适的人居环境。进军深海深空，开发海洋和空间先进适用技术，培育海洋经济和空间经济。

发展智慧城市和数字社会技术以及先进有效、安全便捷的健康技术，推动以人为本的新型城镇化，应对重大疾病和人口老龄化挑战。开发支撑商业模式创新的现代服务技术和引领产业变革的颠覆性技术，驱动经济形态高级化，不断催生新产业创造新就业。高度关注可能引起现有投资、人才、技术、产业、规则"归零"的颠覆性技术，前瞻布局新兴产业前沿技术研发，力争实现"弯道超车"和"变道超车"。

其二，强化原始创新，增强源头供给。坚持国家战略需求和科学探索目标相结合，加强对关系全局的科学问题研究部署，增强原始创新能力，提升我国科学发现、技术发明和产品产业创新的整体水平，支撑产业变革和保障国家安全。加速面向国家战略需求的基础前沿和高技术研究，大力支持自由探索的基础研究，建设一批支撑高水平创新的基础设施、大科学装置和科研平台。

其三，优化区域创新布局，打造区域经济增长极。聚焦国家区域发展战略，以创新要素的集聚与流动促进产业合理分工，推动区域创新能力和竞争力整体提升。构建各具特色的区域创新发展格局，跨区域整合创新资源，打造区域创新示范引领高地。

其四，深化军民融合，促进创新互动。按照军民融合发展战略总体要求，发挥国防科技创新重要作用，加快建立健全军民融合的创新体系，形成全要素、多领域、高效益的军民科技深度融合发展新格局。健全宏观统筹机制，开展军民协同创新，推进军民科技基础要素融合，促进军民技术双向转移转化。在军民融合中注重技术融合、产品融合、资本融合和人才融合，做好"民参军"的机制创新和"军转民"的开放创新。

其五，壮大创新主体，引领创新发展。明确各类创新主体在创新链不同环节的功能定位，激发主体活力，系统提升各类主体创新能力，夯实创新发展的基础。培育世界一流创新型企业，建设世界一流大学和一流学科，建设世界一流科研院所，建立健全面向市场的新型研发机构，构建专业化技术转移服务体系。

其六，实施重大科技项目和工程，实现重点跨越。在关系国家安全和长远发展的重点领域，部署一批重大科技项目和工程。

其七，建设高水平人才队伍，筑牢创新根基。加快建设科技创新领军人才和高技能人才队伍。发挥企业家在创新创业中的重要作用，大力倡导企业家精神，树立创新光荣、创新致富的社会导向，培养造就一大批勇于创新、敢于冒险的创新型企业家，建设专业化、市场化、国际化的职业经理人队伍。推动教育创新，改革人才培养模式，把科学精神、创新思维、创造能力和社会责任感的培养贯穿教育全过程。

其八，推动创新创业，激发全社会创造活力。建设和完善创新创业载体，发展创客经济，形成大众创业、万众创新的生动局面。

2.2 中国高铁跨越式发展的核心力量

高铁在 21 世纪对于中国崛起的意义，怎么估量都不为过。高铁是中国改革开放以来能够改变世界政治经济格局的一大产业，是中国现代装备业"成建制"国产化的典型代表，也是中国迈向世界性大国的一大标志。

相比于高铁发展领先国家，中国高铁发展从"望尘莫及"到"望其项背"，再到"并肩而行"，直到"一马当先"，经历了一个从"跟跑"到"并跑"再到"领跑"的过程，实现了从"技术引进"到"中国制造"再到"中国创造"的跨越。[①] 在从"引进"到

---

① 徐飞：《中国高铁"走出去"战略：主旨·方略·举措》，《中国工程科学》2015 年第 4 期，第 4—8 页。

"引领"的过程中，中国不断消化吸收再创新，直至能够自行定义高铁 "4.0 时代"。[①]在国家创新型战略指引下，以下五种力量在中国高铁实现跨越式发展中发挥了关键作用。

政府主导的制度力量与行政力量

作为高速铁路后发型国家，中国政府充分发挥制度力量和行政力量，从战略和政策上主导了国内高速铁路跨越式赶超发展。

顶层统筹，超前布局，明确自主创新技术路线。中国政府基于国情路情审时度势，及时做好顶层设计和有效的产业整体规划。2004 年国务院批准下发的《中长期铁路网规划》和《研究铁路机车车辆装备有关问题的会议纪要》，从国家战略层面上绘制了中国高速铁路 "四纵四横" 的发展蓝图，明确了中国高速铁路机车车辆装备 "引进、消化、吸收、再创新" 的技术路线。2008 年以原铁道部和科技部《中国高速列车自主创新联合行动计划》签署为标志，从制度上进一步推动中国高速铁路由跟随模仿向自主创新快速转变。

---

① 解筱文:《中国应自信定义高铁 4.0 时代》,《中国经济周刊》2015 年第 42 期，第 74—76 页。

统一市场，聚力引进，站在巨人肩上再出发。铁路主管部门强势整合国内市场，统一口径整体对外谈判。通过设置战略买家和力推"关键技术必须转让、价格必须最低、必须使用中国品牌"的引进原则，既避免了产业赶超过程中可能出现的国内企业各自为政被各个击破的窘境，又以有利地位低成本地跨越高铁强国有意为之并坚守的技术"护城河"，促进了国内企业与国际最先进技术平台的高水平对接，为中国高铁高起点自主创新奠定扎实基础。

打造平台，引导合作，政产学研协同创新。在中国市场经济尚待完善的条件下，创新要素的有效整合离不开政府"有形之手"的引导。铁路主管部门综合布局研发重点，明确高速铁路技术的关键领域，构建产学研相结合的快速高效创新平台，引导企业依托具体项目与高校和科研机构开展合作。同时，通过"科技支撑计划""863计划"和"973计划"等立项支持，加大对高速铁路基础研究与应用研究的科技投入。

企业主体的市场力量与产业力量

企业是市场主体和产业主体，更是技术创新的主体。中国高铁企业充分利用自身的主体地位，并充分利用市场这一配置创新资源的决定性力量，紧密结合产业力量推动中国高速铁路发展，实现由"输血"向"造血"、由外生技术积累向内生能力提升的转变。

用市场需求之力，引导高铁企业的创新方向。中国复杂地质气候条件催生的高速铁路多类型技术适应性改造需求，长距离、高密度、不同速度等级共线跨线运行的运营技术需求，引进技术实现消化吸收过程中引致的多样性试验验证需求，以及高综合性系统集成产生的多层次集成技术研发需求，这些需求均从需求侧推动高速铁路企业以实际问题为导向，以满足市场需求为目的，针对性开展高铁技术的研发创新。

用市场竞争之力，加速提升高铁企业的自主创新能力。以原南车北车两大企业、三大技术平台为代表，基于市场原则展开同行业内的有序竞争，促使企业在依托产学研合作的基础上，加速逆向反求实现对引进技术的消化、吸收，并力促正向设计实现高速铁路的自主创新。在这一过程中，高铁企业的开发、试验和制造能力得到全面提升，自主创新的能力、效率和强度得到全面增强。

用市场规模之力，拓展高铁企业的创新空间。中国大规模的高速铁路建设，在带给高铁企业庞大市场需求和稳定市场预期的同时，更为企业创新提供了重要技术应用机会和庞大"试错性"

试验市场。通过在大规模市场实际运营和技术应用过程中"发现问题——解决问题"循环往复式的创新经验积累,大大增加了企业创新的市场空间与可能性。

用产业协同之力,撬动全产业链的创新发展。高铁作为知识与技术密集型产业,其创新是一项跨学科、跨专业、跨行业的复杂系统工程,需要勘察设计、工程实施、装备供应、竣工验收、联调联试、安全评估、运营管理等整条产业链上各个相关产业的协同发展与相互配合。利用产业协同之力围绕产业链部署创新链,使技术引进、消化吸收与国产化在整条产业链上同步展开,进而各个击破核心技术与主要配套技术难点,促进高铁全产业链的创新发展与整体升级,提升关键技术的整体水平和后续开发能力。

学研产"三位一体"的科技力量与人才力量

注重发挥高校、科研院所、企业(产业)各自在基础研究、应用研究和开发研究上的比较优势,充分发挥科技与人才的中坚力量,以市场需求为导向,以科研项目为依托,构建学、研、产"三位一体"相结合的开放式创新平台,是中国高铁成功创新的关键。

高校作为知识生产和人才培养的重要机构，在中国高铁科技创新过程中发挥了不可替代的作用。尤其是轨道交通行业特色鲜明的研究型大学，不仅培养了多层次的铁路专业人才，而且依托其在历史发展过程中积累形成的特殊优势，在先进理念引领、原理性基础性理论研究和试验平台建设等方面，为高铁发展持续提供针对性强的科技支撑。

科研院所作为应用型基础研究的主要承担者，利用其良好的科研设施、科研环境、科研人才和研究基础，在应用技术研究、仿真试验验证以及制造工艺改进等方面，有力支持了中国高铁企业的技术创新能力建设。

高铁企业在产学研合作中扮演核心主体作用，以实际创新需求为导向，充分发挥自身在产品开发、市场开发以及工程化和产业化方面的比较优势，通过人才交流咨询、合作申报课题、共建实验室与研究平台、委托研发等模式与高校和研究机构进行有效合作。

围绕中国高铁科技自主创新，高校、研究机构和企业三者有机结合，使得科技同经济对接，创新成果同产业对接，创新项目同现实生产力对接，从而加速科研创新成果的产业化。更为重要的是，学、研、产"三位一体"的中国高铁科技创新模式，促使三者既立足当前，着力突破重大关键技术和共性技术，支撑高铁产业迅速发展；又着眼长远，超前部署前沿技术和基础研究，引领未来高铁产业持续协调发展，形成对中国高铁创新的有力支撑。

奉献开拓创新的精神力量与博采众长的文化力量

精神是力量的源泉，文化是行动的先导。中国高铁在短短的十几年取得如此巨大的成就，蕴含其中的精神和文化因素不容忽视。

弘扬铁路人爱国奉献、敢为人先、追求卓越的精神力量。中国铁路人长期以来形成了卓越的职业素养、奉献意识和爱国情怀，先后涌现的"火车头"精神和"青藏铁路"精神，与以国家利益为重、敢担当、勤学习、重实干、争创新的卓越铁路品质相结合，凝结成铁路人爱国奉献、敢为人先、追求卓越的强大精神力量，也成为实现中国高铁跨越式自主创新发展的一笔宝贵精神财富。

崇尚兼容并包、博采众长的文化力量。在中国高铁发展初期，在经济全球化开放背景下，兼容并包、博采众长，选择通过技术引进与世界最先进的四种技术平台接轨的技术路线，而放弃了完全依靠自力更生获取自主知识产权关键技术的技术路线。通过吸收各技术平台优势，取长补短、相互借鉴，不仅使中国高铁在工程建设、动车组、列控、牵引供电等主要领域与世界先进技术具有良好的兼容性，更重要的是实现了后来居上的集成创新和弯道超车的后发优势。

政府、企业、大学三大创新主体的深度融合

中国特色高速铁路的成功创新，是基于中国传统铁路产业基础，站在世界各国铁路先进技术之上，有效利用后发优势的结果。在这一过程中，政府、企业、高校三大创新主体，以高铁建设的市场需求为纽带，通过优势互补和密切合作，有机整合制度与行政、市场与产业、科技与人才等诸多力量，形成三大主体交叉影响、相互促进、螺旋上升的"三重螺旋"关系结构，实现深度融合。

在这种关系结构中，政府作为制度创新的主体，主导中国高铁自主创新的大政方针政策和技术引进、开发中的关键行动；企业作为技术创新的主体，切实推进产品开发和市场开发以及在工程化、产业化方面的技术开发；大学作为知识创新的主体，提供中国高铁创新的理论知识以及共性技术、关键技术和前沿技术。政产学三大主体相互促进，在深度融合政策链、产业链和知识链的基础上，迸发出巨大的合作与创新力量。

2.3　中国创新型国家建设中的高铁经验

认真总结中国高铁跨越式自主创新的成功经验，对其他行业尤其是市场规模巨大、产品系统复杂的高端装备制造业具有重要的借鉴意义。对当前深化科技体制管理改革、大力实施创新驱动发展战略，以及建立创新型国家也具有深刻的启示（图 2.1）。①

充分发挥社会主义制度的优越性，集中力量办大事

作为资本密集型、技术密集型和知识密集型产业，中国高铁技术具有复杂性和高度综合性特征，仅仅依靠单方面很难实现突破，需要基于顶层设计的政、产、学、研和各部门的密切配合。

2004 年国务院批准的《中长期铁路网规划》从国家层面构建了中国铁路运输发展的战略蓝图，在此规划指导下，铁路主管部门通过统一市场、统一对外谈判、统一产品采购等制度手段低成本引进国外先进动车组技术，借助科研立项将自上而下的顶层设计和自下而上的主体能动性有效结合，形成以企业为主体，以产

① 徐飞：《坚持走中国特色自主创新道路——中国高速铁路的成功实践》，《求是》2017 年第 4 期，第 35—37 页。

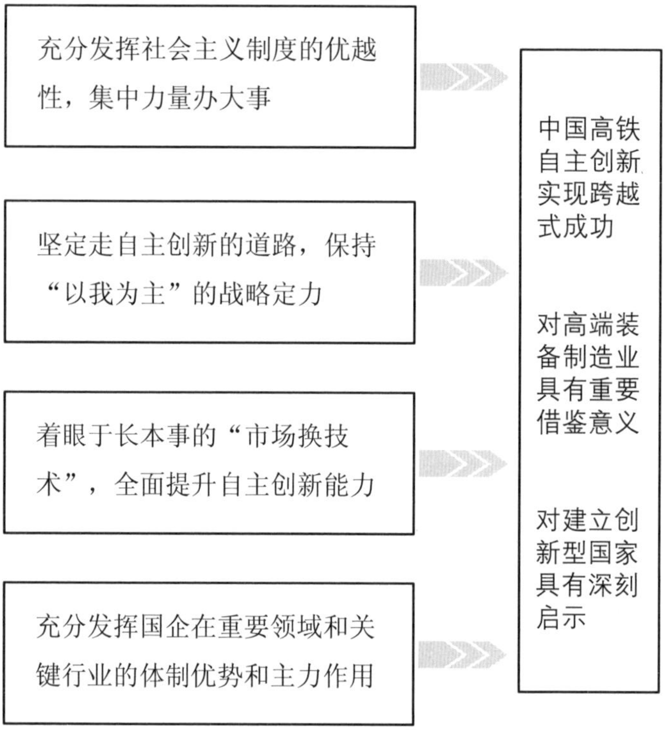

充分发挥社会主义制度的优越性，集中力量办大事	中国高铁自主创新实现跨越式成功
坚定走自主创新的道路，保持"以我为主"的战略定力	对高端装备制造业具有重要借鉴意义
着眼于长本事的"市场换技术"，全面提升自主创新能力	对建立创新型国家具有深刻启示
充分发挥国企在重要领域和关键行业的体制优势和主力作用	

图 2.1　中国高铁跨越式成功经验

学研跨部门协同创新为动力的全国一盘棋、集智攻关局面，充分彰显了高效的组织动员力、权威的指挥协调力和步调一致的坚强行动力，充分体现了社会主义制度集中力量办大事的优越性。

坚定走自主创新的道路，保持"以我为主"的战略定力

在世界高铁强国十分强势的格局下，中国高铁能在短期内脱颖而出，其重要经验在于以充分利用全球创新资源为前提、以实现核心技术独立自主为目的的自主创新探索。在全球化时代，对全球创新资源的利用更为便利，但是核心技术尤其是能够持续提升产业竞争力的资源变得更为稀缺，难以从公开市场上通过交易获得，特别是能力是买不来的，必须自主创新，坚定走自主创新的道路，否则将受制于人。

中国高铁奋斗的历程表明，铁路人在各个发展时期始终坚守自主创新意识，以"以我为主"的战略定力塑造真正的创新自信。即使是在对手非常强大、自己十分弱小的情况下，也卧薪尝胆地坚守这种定力。中国当时引进技术有一项重要政策：所有零部件必须用国产，即使国内暂时造不了要买国外制造的，外国公司也必须和国内企业合资经营，才可以进入采购名单。诸如此类的政策，就是对自主创新意识和定力的生动诠释。

着眼于长本事的"市场换技术",全面提升自主创新能力

以中国巨大的市场规模换取国外先进技术并不困难,难的是引进技术能否消化吸收,关键技术能否突破掌握,复制性模仿能否提升为探索性创新。换言之,不是简单地以市场换技术,而是要掌握关键技术,更要着眼提升自主创新和持续创新能力,培育自主品牌。

中国高速铁路从引进伊始,便确立了"引进先进技术、联合设计生产、打造中国品牌"的基本方针。由此不仅帮助中国高铁产业建立起现代化的制造体系,还获得了完整的产品生产与运营经验,进而内化提升了高铁企业的自主创新能力。在此基础上利用平台性技术的引进、突破带来的巨大辐射效应,促进产业链群体式的技术积累与突破,从而以最小的代价、最短的时间推动中国高铁全产业链的大发展。

充分发挥国企在重要领域和关键行业的体制优势和主力作用

国有企业在战略性、基础性技术创新和重大攻关方面具有体制优势。在关系国民经济命脉的重要领域和投资规模大、建设周期长、效益见效慢的关键行业,充分发挥国有企业的体制优势和主力作用尤为重要。

铁路行业的大型国有企业以国家战略为导向，以国家意志和国家利益为依归，以国家重大项目为依托，以强大的组织号召力为保障，开展行业内外优势部门的产学研合作，整合庞大的产业链上下游，实现在统一目标下的有序分工协作和互利共赢，最终推动国外先进技术的引进消化吸收再创新，突破制约行业发展的重大关键技术难题，并通过自主创新建立中国标准，实现了从追赶向引领的历史性跨越。

2.4　中国高铁全球战略价值

立足时代，面向未来，从全球视域审视中国高铁，可以洞见诸多战略价值（图2.2）。①

区域发展战略价值：东、中、西区域发展再平衡

众所周知，区域发展失衡是中国国家治理面临的一个重大结构性问题。令人遗憾的是，西部大开发十年，也是西部与东部差

① 徐飞：《中国高铁的全球战略价值》，《学术前沿》2016年第2期（总第90期）第6—20页。

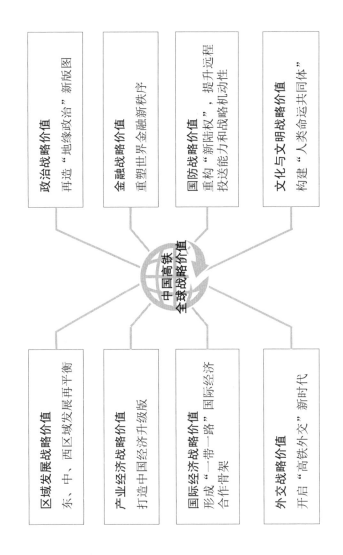

图 2.2　中国高铁全球战略价值

距迅速扩大的十年。人均 GDP 差距从 2000 年的 7000 元，拉大到 2010 年的 21000 元。要改变区域发展失衡，需要在"全国一盘棋"意义上对整个国土资源进行再生产重组。这里，首先需要突破交通运输瓶颈，以超越地理区隔带来的空间分异效应。

随着中国高铁网络"四纵四横"的发展，沿线区域人流、物流、能流、资金流和信息流实现了快速流动和集散，进而推动资本、技术、人力等生产要素，以及消费群体、消费资料等消费要素的优化配置和集聚发展，带动沿途各节点城市经济社会的蓬勃发展，并对东、中、西部区域内产业结构和经济格局调整产生重要影响。①

"才饮长江水，又食武昌鱼"现已成为现实，上海至武汉高铁的开通，使得从"十里洋场"到"九省通衢"只要 4 个多小时；"白璧黄金万户侯，宝刀骏马填山丘"，从武汉到郑州每 5 分钟就有一趟高铁；"千里合福一日还"，合肥—福州高铁作为南北向的高铁大通道，已将皖赣两省与海峡经济区连通。

产业经济战略价值：打造中国经济升级版

高铁乃大国之重器。由于高铁属于庞大产业集群的系统性工业，其产业链长，且属于资本密集和技术密集产业，高铁对产业

---

① 徐涌：《高铁时代金融服务问题初探》，《金融时报》2011 年 1 月 17 日。

经济具有显著的拉动效应和溢出效应。世界银行以2010年为基数对高铁拉动和溢出效应的计算表明，京沪线对济南、德州的GDP贡献分别为0.55%和1.03%，长吉线对吉林的GDP贡献为0.64%。高铁给济南、德州和吉林带来的GDP增加分别为36.5亿元、35.9亿元和23.9亿元。[①]

实际上，高铁对基础设施、制造业和资源开发的拉动和溢出效应最为明显，对基建承包商、电力设备、工程机械、铁路设备、通信设备、物流等六大产业板块影响最为直接，而首当其冲的是基础设施，包括桥梁、隧道、车站建设所涉及的工程机械、水泥、建筑材料。其次是轨道铺设所涉及的钢铁、轨道生产加工、机床设备，还有运营前期的车辆和配套设施采购，包括机车及车厢的生产、电气化信息信号设备以及计算机控制系统。在最终的运营养护环节中，机车的零部件、养护耗材、车站运营将持续获益。

高铁对第三产业特别是对旅游业的影响也日益显著。世界银行发布的《中国高铁区域经济影响分析》中指出，2012年，高铁旅行团为旅行社带来的收益占旅行社总收入的7%—8%，2013年占10%左右。其原因在于高铁可使旅行速度提高50%—100%，

---

① 世界银行报告：《中国高铁区域经济影响分析》，转引自《千里合福一日还》，《新民周刊》2015年10月26日。

扩大了商务人员的市场覆盖面。高铁乘客中商务出行所占比例很高(长吉线 40%、京沪线 63%),比普通铁路高很多。①

高铁全行业的技术创新,还将带动关联产业发展,打造全球高铁生产体系,塑造中国产品的世界品牌,提升中国产业的全球竞争力,由此打造"中国经济升级版"。中国高铁"走出去",则将推动中国出口向高技术含量、资本密集的高端制造转型,由产品贸易向技术贸易和服务贸易转型,将优化和提升中国出口贸易结构。同时,还可以实现中国高铁技术和装备出口,消化中国钢铁、水泥等周期性行业的产能过剩状况,与世界各国通过发挥各自比较优势,实现贸易互惠,推动国际地区经济协调发展。

2008 年世界经济危机之后,全球经济增长乏力,复苏不均衡,下行风险犹在。而美国调整全球战略,实施"重返亚洲"的"再平衡"政策,主导"跨太平洋伙伴关系协议"(TPP)和"跨大西洋贸易与投资伙伴协定"(TTIP),试图重掌全球地缘政治优势和经贸优势,抵消中国改革开放的发展成果。

严峻的国际环境迫使我们既要继续坚持向东,实施新一轮对外开放,又要调整战略,向北、向西、向南,部署中国高铁"走

---

① 《高铁带来了什么?世行发布〈中国高铁区域经济影响分析〉》,中国交通信息网,2014 年 10 月 27 日。

出去",使区域全面经济伙伴关系(RCEP)和新丝绸之路经济带相得益彰。高铁"走出去"是中国经济突出重围的战略需要,是实现中国经济高速增长 30 多年后"百尺竿头,更进一步"的战略选择,也是实现"中国梦"的重要路径。

国际经济战略价值:形成"一带一路"国际经济合作骨架

"一带一路"沿线除新加坡等少数国家外,大多数发展中国家社会经济发展程度较低,需要大规模的基础设施建设。中国富余的资本和产能,特别是先进可靠的基础设施建设技术和装备,恰好为这些国家所需。这种天然的供需关系,是"一带一路"国家经济合作的内在动力。近年来,中国高铁持续快速发展,自主发展能力与核心竞争力不断增强,在国际上产生了重大影响。同时,全球产业结构和产业布局加速调整,新的产业链、价值链、供应链正在形成,也为高铁参与国际产能合作提供了广阔的国际空间。

目前,六大经济走廊和九条出国通道规划,已搭建起"一带一路"经济合作的实体架构。中巴、孟中印缅、新亚欧大陆桥、中蒙俄、中国—中亚—西亚、中国—中南半岛六大"经济走廊"①,

---

① 国家发展改革委员会、外交部、商务部:《推动共建丝绸之路经济带和 21 世纪海上丝绸之路的愿景与行动》,新华社,2015 年 3 月 28 日。

基本构成丝路经济带的陆地骨架。其中,"中巴走廊"注重石油运输,"孟中印缅走廊"强调与东盟贸易往来,"新亚欧大陆桥走廊"是中国直通欧洲的物流主通道,"中蒙俄走廊"偏重国家安全与能源开发。国家交通运输部规划的中—老—泰、中—蒙、中—俄、中—巴、中—吉—乌、中—哈、中—塔—阿—伊、中—印、中—越等九大"一带一路"交通重点项目,基本构建了对内连接运输大通道、对外辐射全球的丝路通道。

以中巴经济走廊和孟中印缅经济走廊高铁建设打通进入印度洋的经济要道,直指世界最大石油产地和供应地——波斯湾地区。这是中国全面对外开放新格局的必然要求,也是解决国内经济结构不平衡、实现中国经济突围发展和全面发展的现实需要,对于2008年金融危机后增长乏力、复苏不均衡、下行风险犹在的全球经济而言,更是一剂经济强心针。因此,高铁负有重建丝绸之路的使命,具有架设欧亚非经济通道、构建"一带一路"国际经济合作骨架的战略价值。

外交战略价值:开启"高铁外交"新时代

开展外交需要有力的助推器,弱国无外交,古今中外概莫能外。新中国成立以来,中国外交经历了从"乒乓外交"到"熊猫外交"再到"高铁外交"的三个时代。"乒乓外交"开创了以"小球转动大球"、以民间友谊促进国家交流的成功模式，使中国在国际舞台上赢得了平等与尊严。改革开放以来，"熊猫外交"塑造了中国良好的国际形象，改善了中国的安全环境。

当历史的车轮驶入21世纪，世界各国的竞争日益激烈，和平外交的战略更考验实力。过往的"乒乓外交"和"熊猫外交"是中外实力不对等的弱势外交，而现今的"高铁外交"我们则处于优势。近年来，以重大装备、技术集成、产业配套、国际贸易、国际咨询、国际承包、海外投资、政府间合作、一揽子协议为崭新内容的"中国高铁"，引起了世界各国的广泛关注，成为以我为主、主动外交的新媒介。它标志着中国外交开始走上与"世界第二大经济体"地位相称的发展道路，开启中国外交的3.0时代。

有学者认为，21世纪既可以是一个太平洋世纪，也可以是一个欧亚大陆世纪，更可以是二者并存的世纪。① 这取决于中国面临的外部环境和各大行动主体对中国的立场和态度。如果环太平洋国家对中国有敌意，中国就西进，致力于欧亚大陆经济整合；如果欧亚大陆国家对中国有敌意，中国就东进，致力于环太平洋经

---

① 玛雅：《中国高铁与"一带一路"战略的大智慧——专访西南交大中国高铁战略研究中心主任高柏》，《决策与信息》2015年第4期，第8—20页。

济整合；如果两边都对中国展示善意，中国则可以东牵亚太、西接欧洲，同时穿越非洲、环连亚欧，推动多边发展。在这里，高铁就成为战略对冲的重要外交抓手。

政治战略价值：再造"地缘政治"新版图

1887年英国地理学家麦金德在皇家地理学会上宣读《历史的地理枢纽》一文，提出了著名的"心脏地带理论"。其核心观点被后人概括为著名的"谁统治东欧，谁就能主宰世界心脏地带；谁统治世界心脏地带，谁就能主宰世界岛；谁统治世界岛，谁就能主宰全世界"。①

麦金德核心观点中"心脏地带""岛"等关键词背后的深层逻辑，是陆权和海权间的竞争。陆权和海权间的博弈，历来是大国较量重要的关切点。然而，获得海权的最终目的，还是为了登陆夺岛获取陆权，因为人类毕竟生活在陆地上。中国高铁的大规模建设和"走出去"，将以"路权"支撑"陆权"，从而使中国进入"新陆权"时代，由此必然带来世界海权与陆权格局的变迁，从而产生巨大的地缘政治效应。

---

① 哈·麦金德：《历史的地理枢纽》，商务印书馆2015年版，第5页。

中国陆地疆域广阔，陆地边界线 2.2 万多公里，与 14 个国家陆地接壤，与 6 个国家隔海相望。谋划中的中国高铁"走出去"，包括欧亚、中亚和泛亚三个战略方向。欧亚高铁的修建，将改变中国长期以来对外贸易对海运的依赖。中亚高铁横穿资源丰富的地区，其走向与"丝绸之路经济带"的构想不谋而合，这对拓展与欧洲和非洲内陆国家的经贸合作，加快丝绸之路经济带物流黄金干线的形成，通过地缘经济推动地缘政治作用重大。泛亚高铁的修建，不仅将有助于推动亚太地区政治稳定，还有利于中国向南打通出海口，形成向印度洋开放的新格局，进而强化中国在国际上的政治地位。从地缘政治关系角度看，中国高铁"走出去"，还有利于促进与周边国家政治上的相互尊重、平等协商，安全上的相互信任、加强合作，经济上的互利互惠、优势互补，是中国以积极姿态参与世界政治秩序重建的重大举措。

改革开放以来，中国主要依靠向东（太平洋）开放，加入全球经济循环，中国经济重心向沿海地区转移，实现了新中国成立以来前所未有的经济大发展。然而，随着美国重返亚太，中国向东（太平洋）开放或遭遇围堵、挤压之势。如果欧亚高铁、中亚高铁和泛亚高铁这三条线路能够建成并成功投入运营（图 2.3），中国就能从西部、西南和北方三大方向冲出美国及其盟友来自太

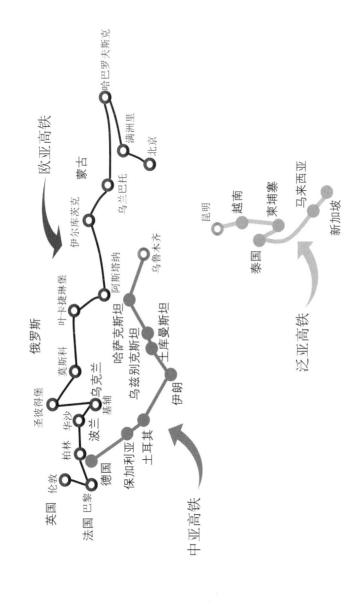

图2.3　欧亚高铁、中亚高铁、泛亚高铁连接的主要国家和城市

平洋方向的围堵，在相当程度上对冲美国重返亚太对中国造成的现实压力。不仅如此，中国还可以与欧洲进行资源和技术交换，同时向中亚、西亚和非洲进行对外投资。

近年来，克里米亚问题导致美欧俄国际关系紧张恶化，使中美欧俄等重要大国和地区的双边关系、多边关系乃至国际政治秩序和世界地缘政治版图发生了深刻变化，由中俄以及中亚各国参与的"上海合作组织"亦逐步由反恐安全组织转向经济合作联盟。重新审视国际经济环境，中国与上海合作组织成员国和观察员国深入合作，一方面以中国（上海）自由贸易试验区试点为先导因应 TPP 和 TTIP；另一方面，以高铁这种先进的交通运输方式，重建横贯欧亚大陆的"丝绸之路经济带"。

综上所述，中国高铁"走出去"战略的发展质量和体量，成为决定中国能否重塑亚欧大陆地缘政治新格局的决定性因素，并将再造世界"地缘政治"新版图。

金融战略价值：重塑世界金融新秩序

众所周知，无论是世界银行，还是国际货币基金组织（IMF），抑或亚洲开发银行，都由西方发达国家所主导。围绕中国高铁"走出去"和"一带一路"所展开的金融创新行动，如成立"丝路基金"和"亚投行(AIIB)",将在很大程度上改变当前由西方主导的世界金融格局。

丝路基金和亚投行,不仅直接助推以中国高铁为代表的中国高端装备"走出去",同时,以高铁"建设＋投融资(EPC+F)"方式,化解中国庞大的外汇储备风险,加快人民币国际化进程,并将为亚太地区、欧亚大陆以及非洲发展中国家提供发展经济急需的流动性。更深层次的价值还在于,抢占全球贸易新规则制定权、主导权,以及定价权和资源配置权,为实现欧亚大陆甚至欧、亚、非大陆的区域经济整合,成为国际经济、金融、贸易、航运中心,打下坚实的基础。

2014 年 11 月 8 日,国家主席习近平宣布中国将出资 400 亿美元成立丝路基金,为"一带一路"沿线国家基础设施、资源开发、产业合作和金融合作等与互联互通有关的项目提供投融资支持。丝路基金是中国高铁"走出去"的重要保障,也是金融支持丝绸之路经济带建设的一次重要尝试。中国央行行长周小川指出,丝路基金目前未使用主权财富基金的概念,丝路基金是外汇为主的对外投资基金,国内外投资者可通过市场化方式加入。基于行业和区域,丝路基金可能会设立子基金[①],从而为那些致力于中国高

---

① 周小川:《"一带一路"丝路基金起步运作》,凤凰网,2015 年 2 月 16 日。

铁"走出去"产业链条上的中外企业提供融资。①

2015 年 12 月 25 日成立的总部设在北京的亚投行，更是重塑世界金融新秩序的重要战略布局。习近平强调，亚投行的主要任务是为亚洲基础设施和"一带一路"建设提供资金支持，是在基础设施融资方面对现有国际金融体系的一个补充。显然，亚投行与高铁关系密切，因为高铁不仅是重要的基础设施，而且是"一带一路"倡议落地的"先行官"。

亚投行正式的创始成员国既包括东南亚和南亚地区广大的发展中国家，如印度尼西亚、柬埔寨、印度、孟加拉国等，又包括欧洲的一些发达国家如英国、法国、德国等，还包括大洋洲的新西兰和澳大利亚，南美洲的巴西，以及非洲的埃及与南非。由此可见，亚投行不仅仅是亚洲的基础设施投资银行，一个亚洲区域多边开发机构，事实上已成为全球性金融机构。

丝路基金和亚投行的成立，将弥补亚洲发展中国家在基础设施投资领域存在的巨大缺口，加强不同收入水平国家之间的合作，实现互利共赢；将促进资本在富裕国家和贫困国家之间的调剂，为贫困国家的基础设施建设提供相应的资金。在基础设施发展的

---

① 魏磊：《丝路基金助推"一带一路"互联互通》，《国际商务财会》2015 年第 4 期，第 7—11 页。

红利刺激下，有望推动亚欧地区各国经济发展。①

以莫斯科至喀山高铁为例，总投资 3000 亿卢布（约合 320 亿元人民币），其中 500 亿卢布作为公司法定资本投入，用于落实项目，另 2500 亿卢布以中国各银行贷款的形式提供。再以印度尼西亚雅万（雅加达—万隆）高铁为例，印度尼西亚最终选择中国而放弃日本，除了中国的修建速度（建设周期 3 年，2019 年即可通车）外，更主要的是中国企业提供全额贷款，不需要印度尼西亚主权信用担保。

国防战略价值：重构"新陆权"，提升远程投送能力和战略机动性

习近平总书记在中央国家安全委员会第一次会议上，首次提出了"总体国家安全观"，以及十一个方面安全的一体化。当前，中国国家安全的时空域比历史上任何时候都要宽广。

国家安全的基本保障，是拥有制陆权、制海权、制空权、制天权和制网权。世界各发达经济体竞相发展航空、航天业，目的

---

① 丁振辉、黄旭（中国工商银行城市金融研究所）：《亚投行为互联互通打开金融之门》，《上海证券报》2014 年 11 月 13 日 A03 版。

就在于"制空权"和"制天权"。美国以航母为支点，在全世界建立庞大的基地群，旨在形成服务于美国全球战略的"制海权"。进入 21 世纪来，以美国为代表的西方国家，更是在网络空间安全上发力。但是，获取制海权、制空权、制天权和制网权的终极目的和落脚点，还是为了保障制陆权。

近年来，中国越来越重视"海权"，但在向东（太平洋）开放遭遇美国围堵的全新安全形势下，有必要重新审视"海权"与"陆权"的关系，建立一种对冲海权的新陆权。中国要在坚决实施深蓝战略的同时，以高铁为支柱以"路权"支撑"陆权"，从而以"一路一带六走廊"形成向西进入大西洋和向南进入印度洋的突围之势。

这将建立起保障国家总体安全的"陆地法"，在削弱美国在阿拉伯海域之影响、打通中东战略"咽喉"的同时，形成与美国第一岛链和第二岛链军事封锁之间的海权对冲，助力中国走出一条具有中国特色的国家安全道路。进而，在已有且不断增强的基于太平洋的海权基础上，打造基于印度洋、大西洋乃至北冰洋的新海权。

高铁维系着中国在欧亚地缘政治和全球格局中的战略地位，承担着国际安全、经济安全、政治安全、国防安全的重大使命。

高铁对"国防"的战略价值，可以进一步从战略和战术两个层面来谈。在战略层次上，当今世界已进入"新陆权"时代。中国既是一个海洋国家，但更是一个拥有广阔陆地战略纵深的大陆型国家，与众多国家陆地毗邻。中国高铁"走出去"，可以有效地增强和保障国家安全；可以在全球制海权与制陆权并存的博弈态势上，建立战略对冲格局。可以更好地维系在欧亚地缘政治和全球格局中的地位，在这个并不太平的世界里，更好地发挥大国在维护和平中的重要作用。

在战术层次上，远程投送能力和战略机动性是国家危机反应能力的重要组成部分，也是综合国力和军事实力的重要标志。中国是一个幅员辽阔、边界漫长的国家，既有绵长的陆上边界，又有广阔的海岸边界，提高远程投送能力和战略机动性至关重要。

2012年5月上旬，南京南站首次完成轻装备部队成建制运输任务，某团近千名官兵乘坐京沪高铁奔赴皖南驻训场。2013年12月下旬，武警某部千余名官兵，从上海虹桥火车站登上G216次高铁动车组列车。列车一路飞驰，横跨了4个省市，准点到达1300公里以外的华北驻地。

另据美国华盛顿自由灯塔网站2015年12月21日报道，美国情报部门监测到中国从铁路货车上进行了东风-41导弹弹射试验。

这次试验是在 2015 年 12 月 4 日东风 -41 第二次携带两个分导式弹头进行飞行试验并命中目标后一天，也就是 12 月 5 日进行的。报道认为，中国可能利用遍布全国的铁路网来部署洲际导弹。

近年来，随着执行多样化军事任务不断增多，军队对远程投送和战略机动的需求呈现出常态化趋势。当前，随着国内高速铁路网络逐步完善，发达的高铁网络必将提升我国向国内各个战略方向投送机动作战力量的规模和效率，同时，为军队的战略机动性和隐蔽性提供极大便利。

此外，"寓军于民"的目标也有望实现。中国作为一个幅员辽阔的大国，且处于矛盾复杂、利益纠葛的亚太地区，长期维持一定数量的常备军队是国家安全的题中之义。但这也必然导致军费支出巨大，造成对国民经济的拖累。若处理不好国防建设和经济发展的关系，对整个国家来说将十分危险。这就要求尽量实现"寓军于民"。

高铁在平时以客运任务和电子商务快速运输为主，在战争时期，则可以实现轻装战斗人员的运输，真正实现"寓军于民、军民融合、平战结合"，从而大大降低军队的保障费用，做到精兵简政。随着部队装备信息化水平的提升和运输投送能力的突破，军队减员就有了实现条件。

文化与文明战略价值：构建"人类命运共同体"

高铁当属交通的范畴，在东方人的语境中，"交通"至少可以从三个层次来理解。在技术层次上，交通为从 A 到 B、从甲地到乙地的位移，即"transportation"。在文化层次上，交通为"交"流、沟"通"，即"communication"。通过交流沟通以及文明间的对话，促进了解，提升共识，增进友谊，进而实现"各美其美，美人所美，美美与共，天下大同"。在哲学层次上，易经中的"天地交而万物通"、庄子的"交通成和而物生焉"可谓对交通的最好诠释。中国先哲把"交通"作为宇宙之道、人伦之理。

简言之，从"刳木为舟，剡木为楫"，到风驰电掣的高铁，人们所认知的"交通"，实现了从地理位移到信息交互，从信息交互到文化交融，从文化交融到文明对话，从文明的对话到对话的文明，再到天人合一的一次次升华。实际上，高铁作为便捷、高效、绿色的出行方式，不仅大大压缩了时空使"天涯若比邻"成为现实，而且已经开始并将更深刻地促进人类不同文明之间的相互沟通与交流、对话与启发，以增进沿线各国人民的人文交流与文明互鉴，让各国人民相逢相知、互信互敬，实现人心相通。

中国高铁"走出去"，无疑将为世界打开展示中国文化的一扇窗，在世人早已认知中国博大精深的古老黄河文明和华夏文明的基础上，展现当下中国的现代工业文明。中国高铁"走出去"，也将促进世界文化和科技融合。无论线路、桥梁，还是车站、列车，都将融合各国各地区的文化元素，体现多姿多彩的文化特色。从线路、桥梁空间结构，到车站功能和造型设计理念，甚至车厢地板和座椅面料图案，都蕴涵着文化的新观念和新元素。

高铁是连接沿线各国的重要纽带，必将促进沿线各国的繁荣发展。同时，伴随高铁"走出去"，"和平合作、开放包容、互学互鉴、互利共赢"的丝绸之路精神得以薪火相传。高铁的跨国发展使地域文化的地理界桩在人们的感觉中淡化，随着高铁贯穿亚、欧、非大陆，活跃的东亚经济圈、发达的欧洲经济圈以及发展潜力巨大的广大腹地国家将更紧密相连。

原来相对封闭缺乏交流的各国地域文化，通过高速铁路互补交融，衍生出新的内涵。高铁不仅大大拓展了人们的出行和交往半径，也大力促进了异域文化间的理解、融合和创造，推动了世界文化大繁荣大发展。高铁延伸其中的"一带一路"，虽然在宗教信仰上，涵盖佛教、道教、伊斯兰教、东正教和基督教等多种宗教，在文明形态上，涵盖黄河文明、恒河文明、尼罗河文明、两河文明和地中海文明等多种文明，但这些文化体系在漫长的历史交往中早已不断交流融合，其核心价值具有同一性。

高铁的日常运行和不断延伸，推动沿线国家在核心价值同一性的基础上，充分尊重各国各民族文化的差异性，倡导文明宽容，加强不同文明之间的对话，求同存异、兼容并蓄，形成彼此尊重、相互交融、互相学习的"朋友圈"与"文化圈"，为构建21世纪人类命运共同体做出独特贡献。

中　篇

"一带一路"与中国高铁"走出去"

明朝著名航海家郑和曾经率领两万七千多人的船队，完成了中国历史上著名的"下西洋"远航。六百多年后的今天，郑和联通世界的梦想仍然延续着，"一带一路"的当代发展，正推进着中国高铁"走出去"国家战略的实施。

第3章

"一带一路"：
文轨车书郅大同

2013 年 9 月和 10 月，中国国家主席习近平先后提出共建"丝绸之路经济带"和"21 世纪海上丝绸之路"倡议，得到沿线国家的积极响应。"一带一路"发端中国，贯通中亚、东南亚、南亚、西亚、欧洲乃至非洲部分区域的亚欧非大陆，一头是活跃的东亚经济圈，一头是发达的欧洲经济圈，中间是经济发展潜力巨大的广大腹地，覆盖 65 个国家（见表 3.1）（当然，"一带一路"是开放的，不限于这 65 个国家）近 46 亿人口，经济总量约为 21 万亿美元，在全球总量中分别占 64% 和 30%。

"一带一路"倡议顺应了亚欧大陆要发展要合作的普遍呼声，标志着中国从一个国际体系的参与者快速转向"公共产品"的提供者。这里的"公共产品"，不仅是物质性公共产品，还包括理念性公共产品和制度性公共产品。近年来，中国致力于推动与沿线

表 3.1 "一带一路"沿线国家

东亚 1 国	蒙古
东南亚 11 国	印度尼西亚、马来西亚、新加坡、泰国、越南、老挝、缅甸、柬埔寨、菲律宾、文莱、东帝汶
南亚 7 国	印度、巴基斯坦、孟加拉国、尼泊尔、不丹、斯里兰卡、马尔代夫
中亚 5 国	哈萨克斯坦、乌兹别克斯坦、土库曼斯坦、塔吉克斯坦、吉尔吉斯斯坦
西亚 20 国	伊朗、阿富汗、伊拉克、土耳其、沙特阿拉伯、也门、阿曼、阿联酋、卡塔尔、巴林、科威特、叙利亚、约旦、黎巴嫩、以色列、巴勒斯坦、塞浦路斯、亚美尼亚、格鲁吉亚、阿塞拜疆
中东欧 16 国	波兰、立陶宛、阿尔巴尼亚、爱沙尼亚、拉脱维亚、捷克、斯洛伐克、匈牙利、斯洛文尼亚、克罗地亚、波斯尼亚和黑塞哥维那、黑山、塞尔维亚、罗马尼亚、保加利亚、马其顿
独联体 4 国	俄罗斯、白俄罗斯、乌克兰、摩尔多瓦
非洲 1 国	埃及

注：亚洲 44 国，中东欧 16 国，独联体 4 国，非洲 1 国，共 65 国。

国家交流沟通、务实合作，截至 2017 年 3 月，已有 100 多个国家和国际组织积极响应支持，40 多个国家和国际组织同中国签署了共建"一带一路"合作协议。现在"一带一路"不仅是连接亚欧非的纽带，而且已成为连接全球的"全球通"。

3.1 丝绸之路

狭义丝绸之路

  狭义的丝绸之路一般指陆上丝绸之路。2000多年前，亚欧大陆上勤劳勇敢的人民，探索出多条连接亚欧非几大文明的贸易和人文交流通路，后人将其统称为"丝绸之路"。1877年德国探险家、地质地理学家李希霍芬（Ferdinand von Richthofen）最早在其《中国》一书中，把"从公元前114年至公元127年间，中国与中亚、中国与印度间以丝绸贸易为媒介的西域交通道路"命名为"丝绸之路"，因此路主要贩运中国丝绸故得此名。

  丝绸之路是连接东西方的陆上贸易要道，主要有"西北丝绸之路"和"南方丝绸之路"两大方向。西北丝绸之路由中国张骞出使西域开辟，是以长安（今西安）为起点，经甘肃、新疆，到中亚、西亚，并连接地中海各国的陆上通道（图3.1）。南方丝绸之路是中国西南地区一条纵贯川滇两省，连接缅、印，通往东南亚、西亚以及欧洲各国的古老国际通道，由四川为起点，经云南出缅、印、巴至中西亚，也是张骞西域之行后开启的历史路径。唐宋及以后，南方丝绸之路逐渐形成了一条以茶马贸易为代表的

图片来源：人教网，http://old.pep.com.cn/czls/js/tbjx/7s/u4/tpsc/201008/t20100820_698286.htm。

图 3.1　张骞通西域

商道，即延续至今的"茶马古道"。

古代南北丝绸之路的筚路蓝缕，成就了今天"丝绸之路经济带"的战略格局。千百年来，商人、僧侣和朝圣者经停的古老城镇、圣地和商队驿站，是其庞大贸易网络体系的关键连通点。丝绸之路主要走廊穿越亚洲内陆高原和山脉，如塔吉克斯坦的帕米尔高原，阿富汗北部的兴都库什山脉，哈萨克斯坦的准噶尔山脉，吉尔吉斯斯坦、哈萨克斯坦和中国新疆的天山，以及哈萨克斯坦、俄罗斯和蒙古的阿尔泰山脉。

广义丝绸之路

广义丝绸之路是陆上丝绸之路和海上丝绸之路的统称（图3.2）。如上所述，陆上丝绸之路起源于汉武帝派张骞出使西域并形成其基本干道。"海上丝绸之路"是古代中国与外国交通贸易和文化交往的海上通道，因主要以南海为中心，故又称南海丝绸之路。海上丝绸之路形成于秦汉时期，发展于三国至隋朝时期，繁荣于唐宋时期，转变于明清时期，是已知的最为古老的海上航线。

2013年9月7日，中国国家主席习近平在哈萨克斯坦首先提出了现代"丝绸之路经济带"倡议，同年10月3日在印度尼西亚又提出了"21世纪海上丝绸之路"倡议。丝绸之路经济带重点畅通中国经中亚、俄罗斯至欧洲（波罗的海），中国经中亚、西亚至波斯湾、地中海，中国至东南亚、南亚、印度洋。21世纪海上丝绸之路重点方向是，从中国沿海港口过南海到印度洋，延伸至欧洲；从中国沿海港口过南海到南太平洋。

中国古代丝绸之路

中国古代丝绸之路是连接亚、非、欧的商业贸易通道，包括西汉张骞"凿空西域"的官方通道"沙漠丝绸之路"，北向蒙古高原、再西行天山北麓进入中亚的"草原丝绸之路"，西安经成都再

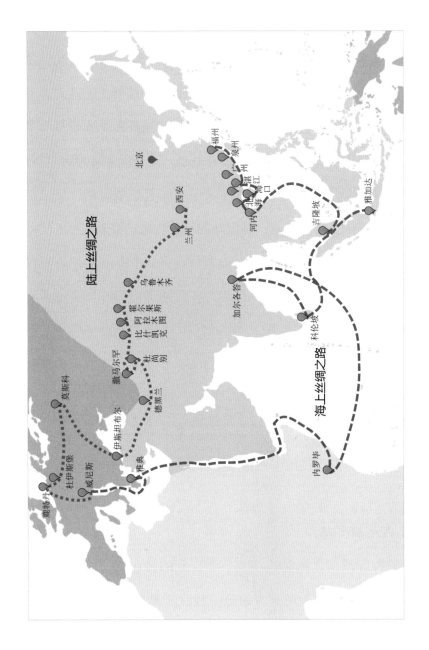

图 3.2　陆上丝绸之路与海上丝绸之路简略示意图

到印度的"西南丝绸之路"，以及从广州、泉州、杭州、扬州等沿海城市出发，从南洋到阿拉伯海，直至非洲东海岸的"海上丝绸之路"。作为传统陆上贸易强国，中国通过古丝绸之路创造了令世界叹为观止的经济繁荣。南宋时期，中国经济总量已占全球经济总量的75%，即使到了日渐衰微的1820年，中国经济总量仍占全球的33%。

两千多年来，张骞两使西域，郑和七下西洋（图3.3），玄奘西行印度五万里译出佛典75部，马可·波罗游历中国17年写下《马可·波罗行纪》（图3.4）。东西方的先民们，驾着骆驼马匹，乘着木船风帆，穿过死亡之海塔克拉玛干沙漠，越过雪域冰山帕米尔高原，驶过浩瀚无边的印度洋，突破了大漠戈壁、高原雪山和大海汪洋的地理界限，打通了联通欧亚的丝绸之路，开辟了连接东南亚、印度次大陆以及南太平洋的海上丝路，开启了东西方经贸合作、人文交流和文明融合的通衢大道，促进了沿线各国的物产流通、技术交流、人民往来和文化传播，拉近了沿线各国在地理空间、物理空间和制度空间上的距离，形成了一个跨越亚、欧、非的区域联系体。

概言之，中国古代丝绸之路主要有四条：经云贵通往南亚的"茶马古道之路"，经新疆通往中亚、西亚、波斯湾和地中海的

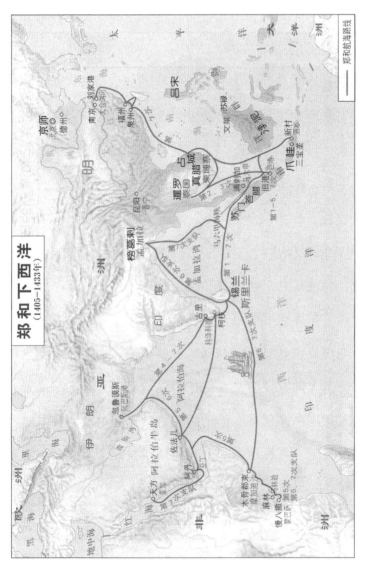

图片来源:《历史地图册》,中国地图出版社、中华地图学社 2016 年版。

图 3.3　郑和下西洋(1405—1433 年)路线图

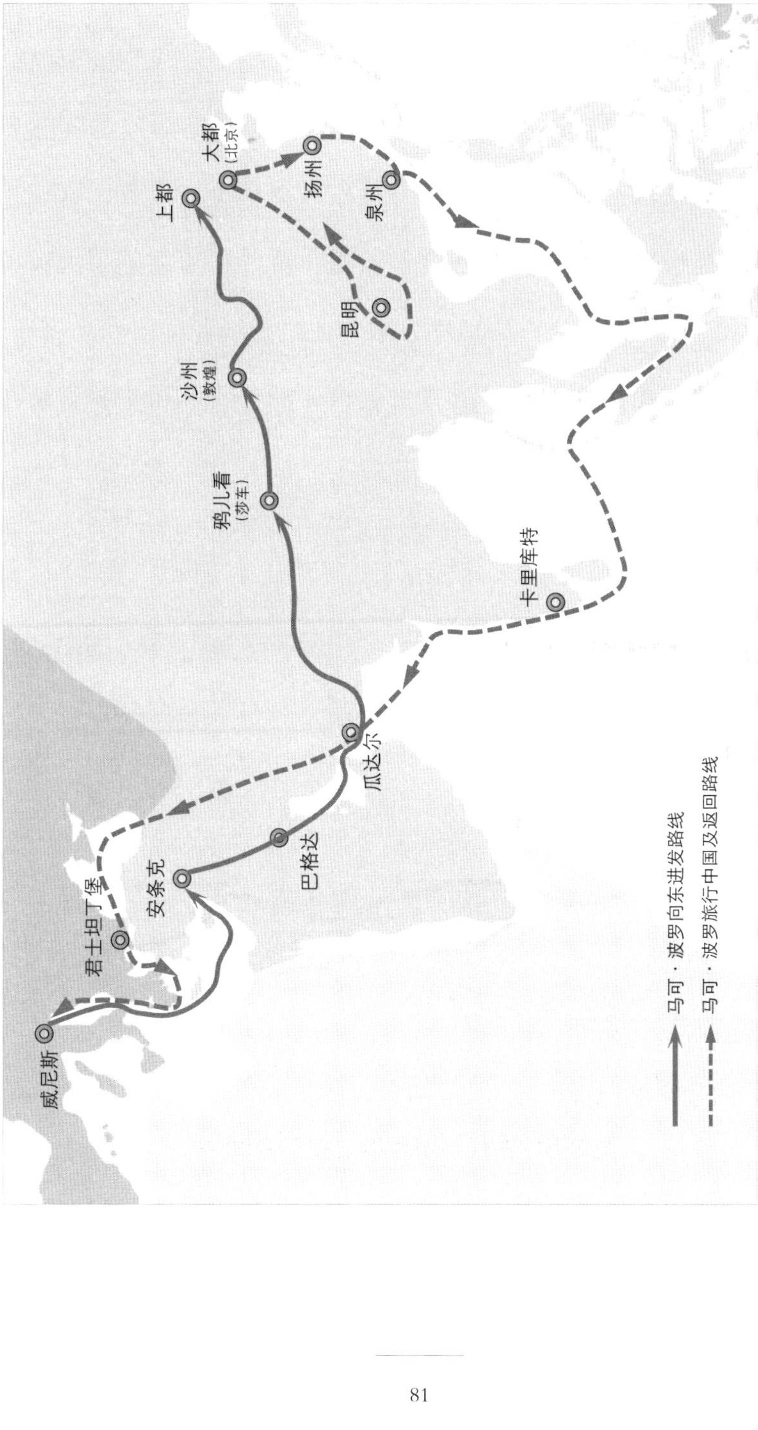

图 3.4 马可·波罗旅行路线示意图

威尼斯
君士坦丁堡
安条克
巴格达
瓜达尔
卡里库特
鸦儿看（莎车）
沙州（敦煌）
上都
大都（北京）
扬州
泉州
昆明

—— 马可·波罗向东进发路线
- - - 马可·波罗旅行中国及返回路线

"沙漠丝绸之路"(图3.5),经蒙古和俄罗斯的 "草原丝绸之路",经南海、太平洋和印度洋的 "海上丝绸之路"(图3.6)。"山间驼铃、岭上马帮,大漠孤烟、长河落日",这些伴随丝路演进的民族所固有的历史情怀和人文气象,域外国家难以体会。今天,这四条通道依然是中国最重要的对外合作通道,这些通道突破了大漠戈壁、高原雪山和大海汪洋的地理界限,通过沿线各国的商品流通、人民交流和文化传播,从经济文化上将亚洲、欧洲和非洲联系在一起。

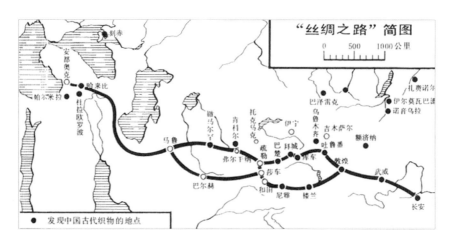

图片来源:中国科普博览网,http://www.kepu.net.cn/gb/ezine/ez57.html。

图3.5 古代沙漠丝绸之路示意图

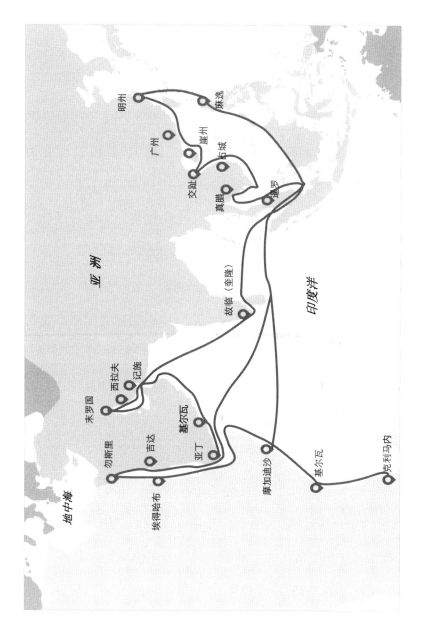

图3.6 古代海上丝绸之路示意图

3.2 "一带"先行，"一路"跟进

"一带一路"布局：陆海统筹，陆地先行

2015 年 3 月 28 日，中国国家发展改革委、外交部、商务部经国务院授权，联合发布《推动共建丝绸之路经济带和 21 世纪海上丝绸之路的愿景与行动》，全面阐释"一带一路"倡议的时代背景、共建原则、框架思路、合作重点、合作机制、中国行动和共同愿景，明确"一带一路"建设的核心是"五通三同"——促进政策沟通、设施联通、贸易畅通、资金融通、民心相通，打造政治互信、经济融合、文化包容的利益共同体、命运共同体和责任共同体。

从中国"一带一路"的布局可知，"陆海统筹，陆地先行"应该是中国掌握主动的先导部署。"丝绸之路经济带"不仅连接了亚洲主要内陆腹地，而且其辐射作用和边际效应，将直接影响"海上丝绸之路"的顺利推进。"丝绸之路经济带"主线，将打通从太平洋到波罗的海的运输大通道，并辅以北线的"中蒙俄经济走廊"、中线的"中巴经济走廊"和南线的"孟中缅印经济走廊"。

在"一带一路"的陆海统筹中，"一带"先行有得天独厚的主动性优势和选择性优势，不仅亚投行（AIIB）的大好局面和丝路

基金的稳步推进，使得"一带"先行有着资金上的重要保证，而且沿线各国以上海合作组织为平台持续经年的磨合，国际形势及各种因缘际会，也为"一带"先行提供了重要保障。

印度"季风计划"和多国开放合作发展战略

在"一带"先行的高歌猛进和引领示范中，"一路"跟进的飘逸"海丝"，将不断贴近"一带"先行的辐射地缘，并持续促进沿岸国家的共同认识。习近平主席在印度尼西亚提出"21世纪海上丝绸之路"倡议之后的一个星期，美国《华盛顿邮报》就发表长篇文章，一方面惊异于中国"一带一路"倡议的横空出世，另一方面，又哀叹中国的"丝绸之路计划"使得在此两年前即由时任美国国务卿希拉里提出的"新丝绸之路计划"黯然失色。

中国倡议共建"一带一路"旨在促进经济要素有序自由流动、资源高效配置和市场深度融合，推动沿线各国实现经济政策协调，开展更大范围、更高水平、更深层次的区域合作，共同打造开放、包容、均衡、普惠的区域经济合作架构。共建"一带一路"符合国际社会的根本利益，彰显人类社会共同理想和美好追求，是国际合作以及全球治理新模式的积极探索，将为世界和平发展增添新的正能量。

迥异于周边国家对中国"一带一路"的积极响应，印度推出了与"21世纪海上丝绸之路"相似的"季风计划（Mausam）"进行反制和战略对冲。印度作为印度洋上主要大国和海上丝绸之路的重要节点，对中国"一路"建设的战略警觉，比"一带"建设更加关切，甚至认为"21世纪海上丝绸之路"和所谓的"珍珠链"，是中国挺近印度洋走向广阔世界的"丝—链"战略。

"季风计划"利用印度在历史、文化和地理等方面的优势，与中国的"海上丝绸之路"计划展开竞争，以确保印度在印度洋地区安全与贸易中的地位和作用。该计划规划了一个"印度主导的海洋世界"，包括东非、阿拉伯半岛，经过南部伊朗到整个南亚，向东则通过马六甲海峡和泰国，延伸到整个东南亚地区。

这一地区在古代都是印度文明影响的范围，印度海军将把重建这样一个以印度为中心的秩序作为重点。需要指出的是，"季风计划"与"21世纪海上丝绸之路"各有千秋，两大构想存在着巨大的合作及共建共享的空间。"一带"先行的首先实现，将直接促进"海上丝路"与"季风计划"的对接甚至融合，做得好完全可以并行不悖、互为补充、协调发展。

除印度"季风计划"外，还有哈萨克斯坦的"光明之路"、蒙古的"草原之路"、俄罗斯的"欧亚经济联盟"、印度尼西亚的

"全球海洋支点"、柬埔寨的"四角战略"、老挝的"变陆锁国为陆联国"战略、韩国的"欧亚倡议"、东盟的"互联互通整体规划"，以及欧洲的"容克投资计划"、沙特阿拉伯的"2030愿景"、埃及的"振兴计划"、伊朗的四大走廊及跨境走廊等规划和计划。

近年来，中国秉持共商、共建、共治、共享原则，将其自身倡议的"一带一路"同上述这些国家和地区的发展规划实施相互对接，并积极推动"一带一路"同捷克、波兰、乌兹别克斯坦、文莱等国及欧亚经济联盟的发展规划对接。事实上，"一带一路"不仅能够与各国发展倡议紧密对接与耦合，更与联合国2030年可持续发展议程等诸多顶层设计高度契合。"一带一路"的非排他性、正外部性以及"三个共同体"（利益共同体、价值共同体和命运共同体）的互惠共赢理念，具有灵活性、共享性和开放性的弹性空间，有望引领新型全球化进程，在世界和地区经济复苏和开放中发挥重要的"稳定器"和"推进器"作用。

同时，中国强化多边合作机制作用，注重发挥上海合作组织（SCO）、中国—东盟"10+1"、亚太经合组织（APEC）、亚欧会议（ASEM）、亚洲合作对话（ACD）、亚信会议（CICA）、中阿合作论坛、中国—海合会战略对话、大湄公河次区域（GMS）经济合作、中亚区域经济合作（CAREC）等现有多边合作机制作用，与相关国家加强沟通，让更多国家和地区参与"一带一路"建设。

构建海陆并举的"亚、欧、非"区域经济体

"海上丝绸之路"的建设，与东盟地区的各种区域和次区域合作紧密相关。特别地，东盟主导的 BIMP-EAGA（东盟东部经济成长区）、AMPC（东盟整体连通计划）、ARN（东盟滚装船网络），以及东盟和中日韩印澳新主导的 RCEP（区域全面经济伙伴关系协定），与"一路"建设具有千丝万缕的联系。

作为 2017 年"一带一路"国际合作高峰论坛成果之一，中国政府制定并发布《"一带一路"建设海上合作设想》。该《设想》提出要重点建设三条蓝色经济通道：以中国沿海经济带为支撑，连接中国—中南半岛经济走廊，经南海向西进入印度洋，衔接中巴、孟中印缅经济走廊，共同建设中国—印度洋—非洲—地中海蓝色经济通道；经南海向南进入太平洋，共建中国—大洋洲—南太平洋蓝色经济通道；积极推动共建经北冰洋连接欧洲的蓝色经济通道。

"海上丝绸之路"从海上联通亚欧非三个大陆，最终可以和"丝绸之路经济带"形成海上陆地的闭环并构成欧亚非区域经济体，从而使"一带一路"成为亚欧非贸易的通道和经济走廊，辐

射并影响两侧腹地及周边区域。共建"一带一路"致力于亚欧非大陆及附近海洋的互联互通，建立和加强沿线各国互联互通伙伴关系，构建全方位、多层次、复合型的互联互通网络，实现沿线各国多元、自主、平衡、可持续的发展。

3.3 交融互鉴，包容发展——古代丝绸之路的当代精神延续

"丝绸之路"精神

中国同沿线各国的友好交往源远流长，秦朝的"徐福东渡"及西汉武帝的七次巡海首开先河。西汉"张骞通西域"后，中国和中亚及欧洲的商业往来迅速增加，通过张骞开辟的这条通道，中国的丝、绸、绫、缎、茶叶、瓷器源源不断输向中亚和欧洲，明代郑和七下西洋打通了连接印度、东南亚、阿拉伯和东非的海上通道。

六百年前明永乐年间"郑和下西洋"与当代"一带一路"构想，都表达了中国与"一带一路"沿线国家互联互通、包容发展的强烈渴求。郑和下西洋不仅留下了千古美名，他也成为当代"21世纪海上丝绸之路"的精神领袖。"和平合作、开放包容、互学互鉴、互利共赢"的丝绸之路精神，是沿线各民族的集体记忆

和历史财富,是"一带一路"成功建设的软实力、巧实力和锐实力。"一带一路"建设是古代丝绸之路在当代的精神延续,也是世界各国共有的历史文化遗产在新时代的扩展。

正是基于深沉的历史情怀和豪迈的现代雄心,"一带一路"这一跨越时空的宏伟构想,从历史深处走来,融通古今、连接中外,顺应和平、发展、合作、共赢的时代潮流,承载着丝绸之路沿途各国共同发展繁荣的梦想,赋予古老丝绸之路以崭新的时代内涵。千百年来丝路精神薪火相传,推进了人类文明进步,是促进沿线各国繁荣发展的重要纽带,是东西方交流合作的象征,是世界各国共有的历史文化遗产。强调弘扬"丝路精神",就是要促进文明互鉴,尊重道路选择,坚持合作共赢,倡导对话交流。

2017年3月,中国外长王毅在全国两会期间回答记者提问时指出,"一带一路"倡议是中国的,但机遇是世界的。中国奉行的不是"门罗主义",更不是扩张主义,而是开放主义。"一带一路"是中国首倡、各国共同受益的国际公共产品,它不是中国一家的"独奏曲",而是各国共同参与的"交响乐"。"丝绸之路"代表的是一种海纳百川、对外开放、相互借鉴、互通有无、相互促进、共同发展的精神和文化,丝路精神是任何可持续发展的"丝路计划"的必备认识。

实际上，受丝路概念启发，各种"丝路计划"，不管是"海丝"还是"陆丝"，如日本、俄罗斯、伊朗甚至联合国等，均在不同阶段展现自己以中亚为核心的战略雄心，然而这些雄心、战略或打折扣，或半途而废，甚或不了了之消解于无形，就像美国2011年提出的"新丝绸之路计划"一样无疾而终。

造成这些困境的原因是多方面的，如布局仓促、实施乏力、战略困顿抑或时局演变等，但究其根源，是这些计划在价值和理念层面缺乏对"丝路精神"的坚定传承和秉持。当下世界各国都需要追本溯源，从"丝路精神"中汲取营养。展望未来，随着"一带一路"的深入推进，丝路精神必将得到弘扬和光大。

社会发展，源于贸易互通

回溯历史，丝绸之路得以开拓的起因和持续动力在于商品贸易。与贸易相伴的，是文明交流和社会进步。瓷器是丝路上一宗重要的商品，凡尔赛宫、美泉宫等昔日欧陆王室宫廷，都陈列着来自丝路贸易的精美中国瓷器。从荷兰代尔夫特、德国迈森到法国塞夫勒，中国瓷器催生了欧洲瓷器，亚欧大陆两端的文明在此共鸣。

稍晚创作于英国的骨瓷，作为一种全新品类回流中国，反过来又推动了中国瓷器的新发展。"投我以木桃，报之以琼瑶"，经贸互通促进不同文明的共同进步与发展。将亚洲、欧洲、非洲沿线经济体的资源、物产、技术播散开来，推动了各要素流动，最终实现经济绩效增长和社会福利提升。

冶金技术、养殖技术、纺织技术，以及交通工具和烹调手段的进步与传播，促进了沿线经济体的技术进步和经济发展。反之，孤立的文明只能错失文明发展的大好机遇。中国明朝的禁海令、清朝的闭关锁国，人为阻断与外界的交流联系，固守所谓简朴的"鸡犬之声相闻，老死不相往来"的农业社会，白白断送社会经济转型的大好时机和局势，导致中国近代的百年屈辱。直到近三十多年来的改革开放，中国主动融入世界经贸大循环体系，才得以奋起直追，重新回到经济大国之列。

贸易互通，推动文化交融

通过丝路贸易带来的新资源、新物产和新技术，一旦融入自身文化肌体，就成为内在生长的基因。四川雅安蒙顶山西汉皇茶园，是世界上最早栽种茶树的地方。唐朝中叶，僧人最澄将茶引种日本。稍晚，印度、斯里兰卡等地也引种成功。来自中国的茶树和种植技术与当地水土、气候相融，产生了高品质的茶叶。

随着茶叶输出的还有中国的茶文化，各国吸纳了中国的饮茶习俗并形成本土特色。中国茶融入不列颠，变成了英式红茶和下午茶传统；融入马来西亚，有了谓之"飞茶"的拉茶；融入日本更产生了著名的茶道。曾经囿于一隅的中国茶文化，如今伴随着缕缕沁人心脾的茶香散播各国，形成了风行于世而各具特色的茶文化。

文化交融，促进民心相通

"以利相交，利尽则散；以势相交，势去则倾；以权相交，权失则弃；唯以心相交，方成其久远。"交流起步于器物贸易，逐渐扩展至物质生活和精神文化。但是，要实现从交流到交融，首要的是民心相通。民心相通是文明互鉴、包容发展的社会根基。

成都的大慈寺是唐朝高僧玄奘受戒之地。玄奘经丝路出塞，西行求法，直探原典，长途跋涉五万余里，途经甘肃、新疆、乌兹别克斯坦、阿富汗、巴基斯坦、克什米尔和印度，在印度那烂陀寺等多地学习佛经。回国后玄奘与其弟子进行了艰苦卓绝的佛经翻译工作，弘扬佛法，使佛教智慧在中华大地入土生根。佛教不仅成为中国传统文化"儒、道、释"三支中的重要一支，还促成了北宋时期汇融儒道释理学的产生，并成为儒学的新形态，从而开辟了中国文明进程的新时期。

同时，玄奘撰写了《大唐西域记》十二卷，全面介绍亲身游历的 110 个国家及传闻的 28 个国家之山川形胜、物产习俗和文化风貌，增进了当时民众对西域各国的了解，促进了跨文明的民心相通。玄奘以其一人之力，发宏愿弘佛法，使佛教文化与中国本土文化深度融合，不仅生成了中国佛学，更促成了儒学的自新，从而渗入中国传统文化的底层架构。在沟通民心的过程中，我们不仅需要玄奘式的精神使者，更需要多个组织和国家的共同努力。

综上所述，社会发展源于商贸互通，商贸互通推动文化交融，文化交融促进民心相通。由此给我们带来的重要启示是，在"一带一路"建设中，要致力于构建"商贸圈""文化圈"和"朋友圈"。①

以道路联通为先导，打造"一带一路""商贸圈"

我们的先辈在千百年前资源十分有限的条件下，穿越高山、沙漠和海洋的阻隔，打通亚欧东西商贸通道，实现物产、资源、人员的稳定交流，铸就古代丝绸之路的繁荣。当下"一带一路"建设的重要内容之一，是推进沿线国家基础设施互联互通和国际

① 徐飞：《交融互鉴，包容发展》，《光明日报》2015 年 11 月 29 日第 8 版。

大通道建设，共同建设国际经济合作走廊。高铁作为"设施联通"领域"交通互联互通"的重要组成部分，是在特定方向和地域对"一带一路"建设的重要支撑。

道路互联互通既是"一带一路"建设的题中之义，也是实施"一带一路"构想的最佳切入点和重要推动力。《推动共建丝绸之路经济带和21世纪海上丝绸之路的愿景与行动》提出，"基础设施互联互通是'一带一路'建设的优先领域"。以交通干线或综合运输通道作为经济走廊的发展轴和基本载体，促进贸易自由化流通是建设"一带一路"的重要途径。

"一带一路"建设既延续了古代丝路商贸交易和文化交流的强烈愿望，也面临着新的现实需求与挑战。从中国内部需求看，丝路"商贸圈"是可持续发展战略的重要组成部分。随着中国经济发展进入新常态，对转变发展方式、调整产业结构提出了新要求。目前，中国面临国内产能过剩、资本过剩的"双剩"局面，急需开拓海外市场。高铁"走出去"在境外实施项目，可带动设计、建设施工、运营管理人员输出，促进国内建设能力转移，解决更多劳动力就业，同时能够产生大量钢材和水泥需求。铁路装备的输出，将带动机车车辆、动车组、施工设备、养护设备、通信信号等产能输出，进而促进其他产业发展。

从外部需求看,"一带一路"上大多数发展中国家尚处在社会经济发展程度较低阶段,中国富余的资本和产能,特别是先进可靠的基础设施建设技术和装备,恰好可以满足这些国家对于基础设施建设的大规模需求。这种互相契合的供需关系,是"一带一路""商贸圈"形成的内在动力和基础。

要实现"一带一路""商贸圈"的货畅其流,作为大运量高速度的铁路交通,无疑是最现实、最经济和最可靠的选择。中国高铁在工程建造、高速列车、系统集成、运营管理全产业链,已形成具有自主知识产权的核心技术体系和成熟的管理体系,可以成为"一带一路"构想落地的先行官。

以共同进步为宗旨,形成"一带一路""文化圈"

"一带一路"是具有深远历史意义的伟大实践,不仅是推动发展的"经济之路",更是文化和文明层面上的"大道之行"。"一带一路"倡议日益由功能定位走向人文定位,强调以共同进步为宗旨,强调包容性,注重寻找寓于差异性、多样性中的同一性,以形成具有最大公约数的"文化圈"和不同文明的共生共荣。形成"文化圈"不是搞小圈子,也没有等级分明的"门槛"。共生共荣不是生硬地追求趋同和排他,不是非此即彼的"同化",更不是

"大鱼吃小鱼"的征服，而是要打造相互理解、相互尊重、相互欣赏、相互促进、相得益彰的人文格局和文明生态。

欧洲一体化进程是民族国家产生以来区域合作和区域一体化的典范。其发展到目前的程度，不仅出乎世界各国意料，也大大超越欧洲各国政治家想象。欧洲一体化从最初二战后的"舒曼计划"、欧洲煤钢共同体、欧洲经济共同体，发展到欧洲共同体，再扩大到如今的欧洲联盟，涵盖了 28 个会员国，24 种官方语言，约 5 亿人口。既包含具有明显"大陆型"特征的法兰西文化、"海洋型"特色的不列颠文化，以及具有"极其保守又特别先进"特点的德意志文化等多元文化，但欧盟作为一个整体，又具有统一的"欧洲意识"。"民族主义"与"欧洲意识"的有机结合，使欧洲联合思想最终得以付诸实践。前欧共体委员会主席雅克·德洛尔认为，欧共体就是"思想和文化的结晶"。

从文化差异性看，虽然"一带一路"沿线国家大于欧洲各国，但在绵延百年的一体化进程中，欧洲各国对多元文化的包容和对民族主义的克制，值得我们在构筑"一带一路""文化圈"过程中学习借鉴。"一带一路""文化圈"虽然涵盖世界三大宗教、五大文化体系，但这些文化体系在漫长的历史交往中不断交流融合，其核心价值具有同一性。如儒学文化强调"仁者爱人"，基督教倡导

"全心全意""爱人如己",佛教宣扬"自度度人""普度众生",印度教讲"不害",伊斯兰教《古兰经》要求人们"亲近近邻、远邻"。"一带一路"沿线文明具有丰富的文化多样性,但在根本的价值理念上并无本质差异,这是建设"一带一路""文化圈"的文化基础。《中庸》曰"万物并育而不相害,道并行而不相悖"。"一带一路"建设,既需要民族自信,也需要文化共识;既要文明互鉴,又要文化交融,以此消除疑虑,实现不同文明体的共同发展。

以包容发展为目标,建设"一带一路""朋友圈"

国家主席习近平在会见英国前首相卡梅隆时谈到,"一带一路"是开放的,源于古丝绸之路但不限于古丝绸之路,范围上东牵亚太经济圈,西接欧洲经济圈,是穿越非洲、环连亚欧的广阔"朋友圈",所有感兴趣的国家都可以添加进入"朋友圈"。当下,"一带一路"的朋友圈不仅数量增多,而且越来越活跃。

"一带一路"包括 60 多个国家,上百个民族。在文明形态上,涉及黄河文明、恒河文明、尼罗河文明和地中海文明等多种文明;在宗教信仰上,有佛教、道教、伊斯兰教、东正教和基督教等多种宗教;在发展程度上,涵盖了发达国家、新兴经济体和广大发展中国家。要建设这样一个"朋友圈",包容发展是唯一正道和不二法门。

在人类文明史上，包容性文化起源于欧洲地中海沿岸国家，以欧洲为中心的西方社会，在其国际关系史中经历了三种不同的文化形态，即以"性恶论"和不容"异类"为特点的霍布斯文化，以"生存和容许生存"为道德基础的洛克文化，以及以"人人为我，我为人人"为道德准则的康德文化。杀戮与被杀是霍布斯文化下的国家关系特征，竞争与合作构成洛克文化国际关系准则，法治是康德文化的规范性基础。正是基于欧洲各国对洛克文化和康德文化的普遍认同，欧洲才成为开启一体化进程最早的区域。

中国传统文化中，儒家的"怀诸侯""柔远人"，道家的"不争"，墨家的"兼爱""非攻"，兵家的"慎战""衢地合交"，都融汇成"天下大同"的政治理想。四百多年前的意大利传教士利玛窦旅居中国三十年后感叹道，"中国不仅是一个王国，中国就是一个世界"。其实，这并非利玛窦对中国的溢美之辞。中国传统文化并没有现代地理意义上的国家观念，"中国"是文化概念上的"天朝上国"，它有着与生俱来的包容性。

这一理念影响下形成的民族关系和对外关系，体现着"求同贵和"的理性光芒。因此，中国倡导的"一带一路"绝不是一个新时期的"朝贡体系"，而是在充分尊重世界各国、各民族差异的基础上，形成彼此交融与互相学习的"朋友圈"。文明多样性是人类社会的基本特征，也是人类文明进步的重要动力。尊重不同类型、不同地域、不同发展阶段的各种文明，使其均享有平等、共生、自由的发展机会，这是包容性发展的精髓所在。

3.4 丝绸之路呼唤轨道交通发展

轨道交通："一带一路"先行官

在亚太经合组织（APEC）北京峰会上，国家主席习近平表示，"如果将'一带一路'比喻为亚洲腾飞的两只翅膀，那么，互联互通就是两只翅膀的血脉经络"。

在铁路、公路、航空、管道、海路五位一体交通基础设施互联互通中，铁路（轨道交通）以其基础性、经济性、公益性、社会性、支撑性、引领性等属性，以及安全、便捷、大运量、全天候等优势，必然成为交通基础设施互联互通的首要选择和优先领域，成为助推"一带一路"建设的"先行官"。

"一带"沿线及辐射区域和"一路"港口及内陆纵深的关键枢纽、节点，汇通腹地城市的轻轨、地铁、城际铁路，形成庞大的交通需求。围绕"一带"建设的三大经济走廊，即北线的"中蒙俄经济走廊"、中线的"中巴经济走廊"和南线的"孟中缅印经济走廊"，将会首先吸引大量人口带动城市建设和工业园区建设。

同一经济走廊上的节点城市之间，以及腹地城市与辐射都市之间的城际铁路建设和市域轨道交通需求，将随着"一带一路"的推进而渐次增长。特别需要指出的是，"一带"南线的孟中缅印经济走廊和中国—东盟陆侧国家的经济合作，如大湄公河次区域经济合作（GMS），将促进"一带"与"一路"的首次会合。

泛亚铁路："一带一路"基础框架

作为世界跨度最大、覆盖面最广的新兴经济带，"一带一路"建设与区域开发开放相结合，将彻底改变之前的点状、块状的发展格局。从横向看，贯穿中国东部、中部和西部；从纵向看，连接主要沿海港口城市，并且不断向中亚、东盟延伸。可以说，交通基础设施建设将直接决定"一带一路"战略推进速度，而铁路建设扮演着举足轻重的中心地位。

综览欧亚大陆洲际互联互通，泛亚铁路（Trans-Asian Railway, TAR）可以成为"一带一路"的基础框架。泛亚铁路是一个统一的、贯通欧亚大陆的货运铁路网络。亚洲18个国家的代表于2006年11月10日在韩国釜山正式签署《亚洲铁路网政府间协定》。按照协定的规划，未来四条"钢铁丝绸之路"构成的黄金走廊将把欧亚两大洲连为一体，纵横交错的干线和支线将编织起一个巨大的经济合作网络。

泛亚铁路路线确定为北部、南部、南北部和东盟四条。其中，北部、南部两条路线均经过中国境内。北部路线为：韩半岛—俄罗斯—中国—蒙古—哈萨克斯坦，贯通亚洲北部地区。南部路线为：中国南部—缅甸—印度—伊朗—土耳其，连接南部地区。南北路线为：俄罗斯—中亚—波斯湾，连接南部和北部地区。东盟路线，则连接东南亚国家和中南半岛地区国家等东南亚地区。这四条线路的总长度为8.1万公里，大部分与"一带一路"规划线路契合。

有时，习惯上把"泛亚铁路东南亚走廊"也简称为"泛亚铁路"（图3.7）。这源自1995年底由马来西亚时任总理马哈蒂尔在东盟第五届首脑会议上提出的一项倡议，即修建一条超越湄公河流域范围，从马来半岛南端的新加坡，经马来西亚、中南半岛五国到中国昆明的"泛亚铁路"，这一倡议可能缘于"泛欧铁路"的概念。

陆上大通道：城市集群交通需求

"一带一路"陆上主要依托国际大通道，连接亚欧非三大洲，

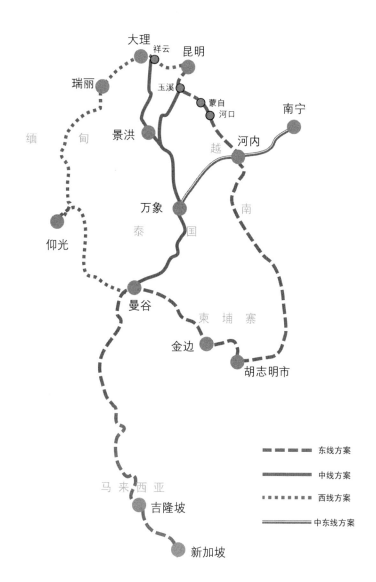

图 3.7 泛亚铁路东南亚走廊规划图

以沿线中心城市为支撑，以重点经贸产业园区为合作平台，共同打造新亚欧大陆桥、中蒙俄、中国—中亚—西亚、中国—中南半岛等国际经济合作走廊。海上以重点港口为节点，不仅包括绵延亚欧非的洲际航路，并在意大利与陆路再次会合形成"一带一路"闭环，而且向南穿越人口稠密之东盟，最后延伸至南太地区。顺延这些通畅安全高效的运输大通道及辐射的腹地区域，将次第形成人口集中的城市集群，也同样呼唤轨道交通的发展。

3.5 "一带一路"框架下的"大交通"

交通是古代"丝绸之路"的核心话题，在当代"一带一路"大背景下，交通的内涵和外延都得到极大拓展，已然演进成为"大交通"。交通之大，不仅体现为位移和技术层面上陆海空等基础设施的互联互通，还体现为经济和产业层面上基础设施建设与工业化、城市化的有机融合，更体现为文化和文明层面上旨在形成"人类命运共同体"的交流沟通和交融汇通。

物理和技术层面的"大交通"：陆海空等基础设施互联互通

随着"一带一路"倡议的深入实施，一批交通基础设施重点通道和关键节点建设已经取得突破并初见成效。以中巴经济走廊等"六廊多国多港"建设为标志，基础设施等领域取得了一批重要早期收获，互联互通网络逐渐成形，匈塞铁路、雅万高铁开工建设，中老、中泰等泛亚铁路网建设也迈开重要步伐。

在中国—东盟方向，已形成连接中国与东盟的两对铁路口岸（凭祥—同登，河口—老街），基本建成或规划建设的高速公路通道有8条；在中国—欧洲方向，铁路连接通道主要有两条——第一欧亚大陆桥和第二欧亚大陆桥，两条大陆桥分别通过中国的二连浩特、满洲里、阿拉山口、霍尔果斯等口岸到达欧洲；在中国—中西亚方向，中国已与中亚国家形成了北中南三大陆路运输通道，包括6条跨境公路、2条铁路、1条管道，并开通了8个边境口岸。

统计数据显示，"一带一路"沿线国家中，有9个国家与中国实现了铁路联通，28个国家与中国实现了空路联通，58个国家与中国实现了海路联通。其中，海路、铁路、空路"三通"的国家有4个；仅海路、空路"两通"的国家有21个，仅海路、铁路"两通"的国家有4个，仅铁路、空路"两通"的国家有1个；仅海路"一通"的国家有29个，仅空路"一通"的国家有2个。

总体来看，"一带一路"沿线国家互联互通已经具备初步条件，但仍处在起步阶段。概言之，海路联通比例最高，空路联通比例次之，铁路联通比例最低。当前，世界经济发展重心加快向新兴经济体和发展中国家转移，全球价值链和供应链加快向发展中国家延伸，将对"一带一路"国际贸易运输体系发展提出新的要求，国际贸易运输重心将从传统以海运为主，转向具有海、铁、空、公、管（道）等立体综合运输体系及依靠多种运输方式的协调互动发展。

自 2011 年 3 月 19 日首列重庆至杜伊斯堡班列成功开行以来，成都、郑州、武汉、苏州等城市也陆续开行了去往欧洲的集装箱班列，班列开行数量大幅增长。2016 年 6 月 8 日，中国铁路总公司将渝新欧班列、蓉欧班列、郑欧班列、夏蓉欧班列等赴欧班列进行整合，统一使用"中欧班列"品牌，已覆盖 12 个欧洲城市，铺划线路 39 条。目前，已累计开行 1700 列以上，同比增长109%，其中返程班列 572 列，同比增长 116%。中国民航与"一带一路"沿线 61 个国家签订了双边航空运输协定，近期通航国家将达 43 个。

中国海运规划启动了马六甲海峡通道（马来西亚）、印度洋陆海通道（缅甸）、南印度洋通道（斯里兰卡）以及南太平洋、地中海、波罗的海等战略支点建设。近十年来，中国与"一带一路"沿线国家交通基础设施互联互通网络初步成型，基本构建起了对内连接运输大通道、对外辐射全球的丝路走廊。

2015 年各省市区政府工作报告中涉及"一带一路"基础设施投资项目共计 114 项，投资总规模达 1.04 万亿元。项目分布主要以"铁公机"为主，占到全部投资的 68.8%，其中，铁路投资近 5000 亿元占据半壁江山，公路投资 1235 亿元，机场建设投资1167 亿元。沿线国家铁、公、海、航、管（道）多种运输方式的互联互通，将打通"一带一路"的血脉经络，为"一带一路"沿线国家插上腾飞的翅膀。

经济和产业层面的"大交通"：基础设施建设与工业化城市化有机融合

"一带一路"国家和地区庞大的经济总量和稠密人口背后，是工业化和城市化建设的严重滞后。根据中国社科院工经所发布的《工业化蓝皮书："一带一路"沿线国家工业化进程报告》，在"一带一路"沿线 65 个国家中，按照前工业化时期、工业化初期、工业化中期、工业化后期、后工业化时期划分，大体呈现出"1+14+16+32+2"的"倒梯形"结构。

以东南亚的新加坡和南亚的尼泊尔为例，从人均 GDP 看，新加坡为 58523 美元，尼泊尔为 1345 美元；从第一产业占比看，新加坡为 0.03%，尼泊尔为 34.3%；从制造业增加值占总商品生产部门增加值比重看，新加坡为 74.6%，尼泊尔为 12.8%；从第一产业就业比看，新加坡为 1%，尼泊尔为 66.5%；从人口城镇化率看，新加坡为 100%，尼泊尔为 18.2%。总体来讲，沿线国家处于不同的工业化和城市化发展阶段，地理区位、经济发展水平、政治环境、资源优势以及社会风俗差异较大。

当前，中国正抓紧与"一带一路"沿线国家一道，积极规划建设六大"经济走廊"以及印度洋、南太平洋、波罗的海等多个海上丝绸之路战略支点。无论是经济走廊或者战略支点的建设，其物理结构是由铁路、公路、航线以及车站、货站、机场、港口、码头、海关、口岸等交通基础设施构成。

交通基础设施的完善，将大大加速人流、物流、能流和资金流流动，扩大沿线国家国内外物流吞吐能力，促进进出口贸易，增强市场活力，增大对国内外投资者的吸引力，从而促进当地产业发展。进一步，交通基础设施的互联互通还能有效促进"一带一路"沿线的东部、中部、西部地区之间的互动与合作，为新一轮的对外开放提供动力，带动沿线国家国内更多产业不断向国际拓展，参与国际竞争，给这些国家经济社会发展带来更大的增长空间和发展潜力。

在传统的对外交通基础设施建设中，主要采用单一的基础设施建设方式。实践表明，此方式并不符合沿线发展中国家经济社会发展的阶段性水平。以坦赞铁路为例，全长1860.5公里的坦赞铁路曾是中国最大援外成套项目，也是援非"金字招牌"。但是，目前的坦赞铁路出现维保不力、管理混乱、事故频发、长期亏损等一系列问题，已经处在瘫痪边缘。坦赞铁路的运营失败，从某种程度上暴露了单纯基础设施建设方式的重大弊端。

在"一带一路"沿线国家交通基础设施建设中，中国应当充分借鉴城市建设中的TOD（transit-oriented development）模式，该模式的核心是用交通引导发展。基于TOD的理念，将TOD模式进一步拓展为"交通+"的集成模式。这种模式通过交通先行、整体打包，将交通基础设施建设与推动工业化、城市（镇）化建设有机融合。为精准实施"交通+"集成模式，需要对交通以及基于交通的工业集群和城市群进行细分。

按照交通分类，有铁路、公路、航空、海运、管道等形式；按照工业集群分类，有专业化产业园区、综合产业园区，以及临港工业园、临空工业园、临铁路枢纽工业园、高铁沿线产业带等形式；按照城市群分类，有都市圈、区域性城市群、国家级城市群等形式。根据交通、工业、城市三个维度，可得到"交通+"集成模式的基本操作形式。一是"交通＋工业"，基本操作形式组合为：交通＋专业化产业园区、交通＋综合产业园区、交通＋临港工业园、交通＋临空工业园、交通＋临铁路枢纽工业园、交通＋沿高铁产业带；二是"交通＋城市"，基本操作形式组合为：交通＋都市圈、交通＋区域性城市群、交通＋国家级城市群；三是"交通＋工业＋城市"，基本操作形式组合为：交通＋综合产业园区＋都市圈、交通＋综合产业园区＋区域性城市群、交通＋临空工业园＋沿高铁产业带＋国家级城市群等。

以高铁为纽带、以站点城市为基点形成的城市群，或将是新型城镇化的理想模式。与中国类似，"一带一路"各国内陆经济与沿海经济不平衡，贫困人口和落后地区主要集中在内陆区域。铁路深入内陆腹地、扮演经济发展大动脉的内在特征，决定了在发展内陆经济中的绝对地位和不可替代作用，由此助推内陆地区由对外开放的边缘迈向前沿，从而在加快整合周边区域产业和提升开放型经济水平的同时，加速推进沿线城镇化建设进程。

在"一带一路"沿线推行"交通＋"的集成模式时，可借鉴中国具有典型意义的经济特区建设模式（深圳、厦门）、城市群建设模式（长三角、珠三角、环渤海湾），以及国家级新区建设模式（上海浦东、天津滨海、重庆两江）等成功的工业化、城市化建设模式。

紧密结合沿线国家城镇人口结构、城市规模结构、城市群发展水平、产业结构、产业空间布局等因素，充分发挥中国在工业化与城市化不断升级过程中积累的规划、技术、资金、人力、运营管理等优势，帮助沿线国家和区域交通基础设施建设与工业化、城市化紧密融合，在沿线布局相关产业，兴建相关配套措施，从而支撑沿线国家经济快速发展和可持续发展。

在当前全球经济处于低需求、低通胀、低利率、低增长的背景下，依托交通基础设施建设，采用交通与工业化、城市化融合的"交通+"集成模式，打造中国式的整体开发2.0版，树立具有示范性的"一带一路"海外项目品牌，促进沿线国家工业化、城市化建设，服务沿线国家经济发展，提升区域经济发展水平，进而更好地发挥中国优势，彰显中国特色。

文化和文明层面的"大交通"：迈向"人类命运共同体"

自古以来，人类文明随着道路的延伸而传播和发展，各个民族由于道路的联通而理解和亲近。两千年前的古丝绸之路，跨越千山万水，将亚、欧、非大陆和海上众多文明体系连接起来，促进了文明的交流沟通、交融汇通，在人类文明史上写下了辉煌篇章。

中国的"一带一路"倡议，根植中国传统的"和"文化，以广泛的包容性和普惠性，激活贯穿千百年的丝路精神，承载着沿线国家和人民的共同愿景，支持推动各地区和民族以平等为基础、以开放为导向、以合作为动力、以共享为目标，共商大计，共同发展，共享繁荣，共同完善全球经济治理，共同增进全人类的福祉，进而迈向"人类命运共同体"。

"命运共同体"的理念，推崇的是"厚德载物""天下为公"以及"致中和，天地位焉，万物育焉""参赞化育""天人合一"的价值观；奉行的是"各美其美，美人之美，美美与共"和"守常明变""知行合一""执两用中"的方法论；倡导的是"己立立人，己达达人""仁者爱人""惟仁者为能以大事小"的信念，追求的是"天地交而万物通""交通成和"的境界；秉持的是"和为贵，先王之道，斯为美""有容乃大""天下一家"的原则；强调的是"和而不同"的多元并存和相互包容，旨在建成"万邦和谐""万国咸宁""太平和合""环球同此凉热"的大同世界。

"一带一路"沿线国家和地区历史文化不同，宗教信仰各异，政治体制多样，地缘政治复杂，经济发展水平不一，因此，更需要通过全方位、多层次、宽领域的交流沟通以达到交融汇通。中国政府通过高级别交流对话机制和高层磋商机制，致力于推动与有关国家和地区深入开展人文交流与合作。习近平主席、李克强总理在国际交往中多次强调密切中外人民往来、厚植友好民意基础的重要性，并大力倡导丝路精神和伙伴精神。

在 2016 年 9 月杭州 G20 峰会上，国家主席习近平以大国领袖的远见卓识和开阔胸怀强调指出，"伙伴精神是 G20 最宝贵的财富，也是各国共同应对全球性挑战的选择"。杭州峰会"五点共识"不仅高度契合峰会主题，更与习近平主席在开幕致辞中提出的"五点主张"高度契合，蕴含着固本培元、合作共赢的中国智慧，吹响了建立人类命运共同体和利益共同体的集结号和冲锋号。

第 4 章
中国高铁"走出去"的
战略张力

2016 年是国家"十三五"的开局之年，也被媒体称为高铁和轨道交通"走出去"的爆发元年。众多项目顺利推进不仅昭示着中国高铁出海的喜人态势，而且也为推动"一带一路"建设和国际产能合作释放出强大动能。然而，在这种令人欣慰的形势下我们更应冷静思考、清醒认识高铁"走出去"的挑战与风险，旨在助力高铁"走出去"走得更稳行得更远。

4.1　中国高铁"走出去"的五大张力

地缘政治张力：海权与陆权

中国高铁被誉为改革开放以来中国发展出来的唯一可以改变整个 21 世纪国际国内政治经济基本格局的战略产业，高铁不仅成为中国的外交名片，也日益成为新陆权的象征。那么，中国高铁会引导亚欧大陆进入一个新陆权时代吗？它能否终结以航母为表征的海权时代？

众所周知，16世纪以来海权日益成为世界大国的关注重心，海权对于一个国家的强大至关重要，中国近代以来的历史屈辱也与海权旁落紧密相关。早在1524年，西班牙征服者埃尔南·科尔特斯就有一个论断：谁控制了海洋之间的通路，谁就可以成为世界的主人。掌握海路不仅意味着对商路的把控和地利的控制，更决定着一个国家的对外军事输送能力。为此，各国以海洋为中心展开激烈角逐，争取各自的海洋权益进而成为世界强国。

实际上，美国就是当今唯一具备全球海军军事投射能力并且能够切断主要"海上交通线"的头号大国。但是，当中国高铁由"路权"支撑"陆权"且被赋予"新陆权时代"的象征意义时，人们有理由相信，以海洋、航母为支点的海权时代，必将因中国高铁"走出去"而得以改变。

推进中的中国高铁"走出去"包括欧亚、中亚和泛亚三个战略方向。欧亚高铁的修建，不仅可以改变中国长期以来对外贸易对海运的依赖，更为重要的是向西打通陆上通道，形成向大西洋开放的新格局。

中俄共建的欧亚高速运输走廊重要组成部分——"莫斯科—喀山"高铁，未来还将继续向东延展，经俄罗斯叶卡捷琳堡、哈萨克斯坦首都阿斯塔纳，直至中国境内的乌鲁木齐，并最终融入中国"八纵八横"高速铁路网络。这条线路不仅速度定位于400公里/小时，还实现了自动变轨转向，其与中国国家主席习近平倡导的"丝绸之路经济带"、俄罗斯总统普京倡导的"欧亚经济联盟"在构想上高度契合，是"新陆权时代"的重要支点。

中亚高铁横穿资源丰富地区，走向与"丝绸之路经济带"构想不谋而合，这对拓展中国与欧洲和非洲内陆国家的经贸合作，加快丝绸之路经济带物流黄金干线的形成，通过"地缘经济"推动"地缘政治"作用重大。建设中的"中巴铁路"，从喀什到瓜达尔港，贯穿巴基斯坦南北，连接中国西部。

由于喀什是中国内陆与中亚、中东、欧洲、非洲的交通要道，瓜达尔港则处于波斯湾的咽喉附近，紧扼从非洲、欧洲经红海、霍尔木兹海峡、波斯湾通往东亚、太平洋地区数条海上重要航线的咽喉，因此"中巴铁路"不仅支撑"中巴经济走廊"，还将大大改变世界地缘政治版图。

泛亚高铁的修建，有助于推动亚太地区政治稳定，还有利于中国向南打通出海口，形成向印度洋开放的新格局，进而强化中国在东非乃至在整个欧亚非大陆的国际地缘政治地位。泰国"大米换高铁"曾一度悬置，如今又开始出现转机。"一带一路"上最大国家之一印度尼西亚的雅万高铁，虽然几经周折最终还是花落中国。

然而，基于欧亚、中亚、泛亚的新陆权并不是对海权的适时取代。首先，奥巴马时代同时以中俄为战略对手的做法，也许很快会被新任总统特朗普改变。人们有理由推测，美俄可能在欧洲合作打击"政治伊斯兰"，俄美在应付恐怖主义上战略合作的逐步增加，对"一带一路"的互联互通必然产生消极影响。

其次，美中也将在台湾问题上不露声色地展开角力，南海、东海、台海甚至黄海，可谓树欲静而风不止，在特朗普任期内中国所面临的海权战略压力非但不会减少，还有可能增加。尤为重要的是，作为海陆复合型国家，过分突显中国高铁的"新陆权"意义，纵然可以通过"战略进攻"以部分抵消美国重返亚太所带来的战略压力，进而形成一种战略对冲，但也会引发"一带一路"沿线国家的战略疑虑。这种基于米尔斯海默意义上的"进攻性现实主义"所带来的陆权与海权张力，显然需要我们审慎应对。

在新的国际政治格局中，我们应建立一种新的思维，从非此即彼到彼此融合，既要在"丝绸之路经济带"的"一带"上全力争取"陆权",又要在"21世纪海上丝绸之路"的"一路"上积极角逐"海权",实现"一带"与"一路"有效对接,路权与海权深度整合。

正在实施中的中巴铁路,不仅能打通中国到达南亚,进而经中东直达欧洲腹地的陆路通道,又可取得进入印度洋的出海口,中东能源可以在瓜达尔港上中巴铁路直接运达中国新疆,从而让中国如鲠在喉的"马六甲海峡困局"从根本上得以缓解。可以说,中巴铁路有着"一带"与"一路"融合、"路权"与"海权"衔接的典型样本意义。

经济张力:需求与有效需求、小账与大账

据经济合作与发展组织(OECD)预测,到2030年全球基础设施建设规模将以年均4.9%的速度增长,到2020年全球基础设施建设规模将达到12.7万亿美元,2030年将达到55万亿美元,相当于每年全球GDP的2.5%。

2016年11月1日国际铁路联盟发布的全球高铁发展状况报告显示,全球已建成运营的高铁里程为35000公里,在建的高铁里程为15452公里,已规划即将建设的高铁里程为4264公里,长期规划建设的高铁里程为32065公里,其中美洲的巴西、墨西哥、

美国、加拿大共计 2829 公里，非洲的埃及、摩洛哥和南非合计 4080 公里。从区域来看，全球高铁市场主要集中在亚欧两地，未来约建 21760 公里。

综合全球各国铁路网规划，未来 15—20 年（2040 年前）世界铁路需求在 12—15 万公里左右，其中高速铁路建设市场发展迅速，高铁需求在 1.5—3 万公里左右（不含中国），投资额预计在 0.6—1 万亿美元之间（见表 4.1）。就市场发育情况而言，短期内亚洲高铁发展迅速，长期欧洲规模将接近亚洲。以上统计数据表

表 4.1 世界各区域铁路规划里程及投资统计（不含中国）

区 域	规划里程（公里）		预计投资（亿美元）	
	合 计	其中：高铁	合 计	其中：高铁
东南亚	4862	680	689	97
南 亚	23194	500	129	129
东北亚	3570	1033	103	103
中 亚	18761	0	19	0
西 亚	16183	2000	1174	150
非 洲	16363	3090	615	202
欧 洲	21894	6370	1433	860
北 美	2863	1232	988	878
拉 美	16679	0	529	0
大洋洲	3448	1748	814	804
合 计	127815	16653	6492	3222

资料来源：中国中车研究院研究报告。

明，海外高铁潜在市场较大，中国高铁"走出去"仍有广阔的发展空间。

然而，在庞大需求与有效需求之间却有很大落差和不确定性，其间存在着很多变量，尤其是政治、社会、文化甚至国防、军事等诸多变量需要综合考量。以亚洲为例，虽然伊朗规划了870公里，越南规划了1600公里，泰国更长达2877公里，但以伊朗、越南和泰国目前的发展状况看，即使有发展高铁的现实需求，也无力承担高昂的建设费用。

此外，各国中央（联邦）政府、地方政府及非政府组织之间的复杂关系，族群、宗教、文化因素以及中、美、俄、日、欧盟等大国和地区角力，也直接或间接影响着高铁市场拓展。

再以欧洲为例，虽然捷克规划了890公里，波兰规划了1127公里，西班牙规划了1327公里，法国规划了1786公里，俄罗斯地广人稀规划里程达2208公里，但是，欧洲高铁市场的竞争主体早已入位，中国高铁只有在标准被国际认可后，才有可能进入欧洲市场。同时还要与德国、法国、西班牙等强有力的竞争对手一决雌雄，未来想在欧洲市场占据一席之地，显然绝非易事。

因此，在需求和有效需求之间，一方面要在宏观上着眼新一轮科技革命和产业革命的兴起，充分意识到各国基于可持续发展、城市化进程、区域共同市场、综合绿色运输体系构建、国际通道建设等方面的战略考虑而形成的对高铁的旺盛需求。另一方面，又要在中观上全面审视各国经济、政治、社会、宗教、人口以及安全等多重现实因素。在微观操作层面上，尤其要理性审慎评估高铁目标国在财力、人口密度、电力供应、经济发展水平等方面的实际状况，敏锐识别"用不上"或者"建不起"高铁的需求，精准把脉有效需求。

经济张力除"需求"与"有效需求"外，高铁盈亏问题当是题中之义。对于一国内政来说，高铁建设的社会效益也许是第一位的，因为高铁本身就是公共产品。然而，"走出去"的高铁，需从整体、全局和长远考虑，同时兼顾社会性和经济性，统筹战略性和盈利性。

在建中的印度尼西亚雅万高铁，"由中方提供资金且不需要主权信用担保"。采用这一"印尼模式"的高铁，风险如何？盈利性如何？可复制可推广价值如何？这些问题值得深入分析和探讨。毕竟，盈利是最基本最朴素的诉求。事实上，雅万高铁原计划于2015年11月开工，三年建成，但时至2016年9月才完成征地项目的60%。不仅如此，协议还将该项目的总造价从此前的55亿美元压缩至51.35美元。几亿美元的缩减，意味着这条号称真正意义上的"中国高铁第一单"的高铁线路在基建阶段已几无利润可言。

目前，全球只有东京—大阪、巴黎—里昂、北京—上海三条高铁线路处于盈利状态。世界银行研究认为，一般而言，线路连接城市所保有的人口数量至少要达到2000万方可实现盈利。基于以上三条线路的特点，尤其是线路所连接的城市经济、距离和人口，结合中国高铁"走出去"近年的初步实践，几乎可以断言：海外高铁项目在可预见的将来难以盈利，甚至会给建设单位带来巨大的资金压力和财务风险。

基于"一带一路"、互联互通的战略价值，中国高铁"走出去"线路相当部分都规划在人烟稀少的经济欠发达地区。中蒙俄、新亚欧大陆桥、中国—中亚—西亚、中国—中南半岛、中巴、孟中印缅六大经济走廊中，实际上大部分是欠发达国家和地区。因此，必须直面这些国家经济实力严重不足、高铁资金需求大、经济回报较差等现实问题。

就中国高铁"走出去"的主旨来说，推动中国的贸易线路从海运转向陆运，促进国际产能合作，从而改变世界经济贸易的格局，这种战略布局意义深远。因此，我们不仅要在商言商，从经济角度算好高铁"走出去"的"小账"，争取尽可能好的财务目标；更重要的是，要从"一带一路"总体构想和打造人类"命运共同体、利益共同体、价值共同体"的高度，算好高铁在政治外交、经济社会、军事国防、文明文化等全方位、多层次、宽领域产生的溢出效应"大账"。

社会张力：人口流动与文明冲突

迄今为止，人们对中国高铁"走出去"关注最多的是其经济利益和战略价值。对中国高铁"走出去"的社会效应，特别是人口加速流动与各种文明冲突之间的张力缺少必要的关注。

高速铁路的现代性内涵，恰如英国社会学家安东尼·吉登斯所说的"时空抽离"。它不仅极大地降低了地区间人口流动的运输成本，影响区域人口流动的强度与方向，也扩大了核心区域的影响半径。可以预见，随着中国高铁"走出去"战略的实施，"一带一路"沿线人口的流动性必然大大增强。然而，人口的加速流动所带来的并非全是福音，著名学者亨廷顿所说的"文明的冲突"，或将随着高铁建成而成为沿线国家必须直面的重要战略问题。

目前，在中国高铁"走出去"主要线路所经的中亚、高加索、巴尔干及新月地带，均存在着至少两种不同文明，这些文明在与其他文明交汇的地方形成文明的断裂带。例如，中亚就是伊斯兰、斯拉夫、汉蒙、印度、佛教五大文明的断裂带，而巴尔干半岛则是包含罗马尼亚、希腊、土耳其、塞尔维亚、保加利亚、阿尔巴尼亚、克罗地亚、波斯尼亚、斯洛文尼亚、马其顿、黑山等十一大民族，以及东正教、天主教、伊斯兰教三大宗教交汇博弈的场所。这些断裂带的存在客观上为高铁"走出去"埋下了文明冲突的隐患和风险。

当下世界瞩目的"政治伊斯兰"问题尤为值得注意。对中国而言，"一带一路"的互联互通如果处理不好这个问题，则有可能使我国新疆陷入文明冲突的前线。从空间上看，新疆周边及外围穆斯林人口众多，除新疆自身的1400万外，另有6.33亿穆斯林。其中，印度2亿、巴基斯坦1.8亿、阿富汗2800万、中亚五国6500万、伊朗8000万，以及土耳其8000万。如果"政治伊斯兰"泛化，地广人稀的中国新疆未来将如何应对？兹事体大，若不能未雨绸缪、提前谋划、主动因应，到时难免被动乃至不堪，甚或累及中国同整个伊斯兰世界的关系。

在"一带一路"特别是在"一带"上，中国在"西进"方面保持了相当的克制，并没有去填补美国撤出中东后的权力真空。显然，这是非常明智的。中国高铁"走出去"应把建设侧重点放在"中欧班列"发展上（图4.1），而非费力促进中亚、西亚一体化。

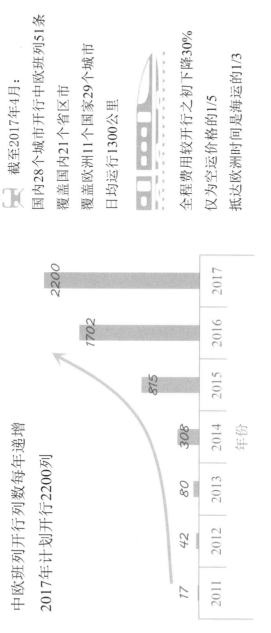

截至2017年4月：

国内28个城市开行中欧班列51条

覆盖国内21个省区市

覆盖欧洲11个国家29个城市

日均运行1300公里

全程费用较开行之初下降30%

仅为空运价格的1/5

抵达欧洲时间是海运的1/3

数据来源：《人民日报》2017年5月14日。

中欧班列开行列数每年递增
2017年计划开行2200列

2200

1702

815

308

80

42

17

2011　2012　2013　2014　2015　2016　2017

年份

图4.1　中欧班列飞驰"一带一路"

中欧班列是中国开往欧洲的快速货物班列，适合装运集装箱的货运编组列车。2016 年 10 月，国家发改委发布了《中欧班列建设发展规划（2016—2020 年）》，明确中欧班列是深化我国与"一带一路"沿线国家经贸合作的重要载体和推进"一带一路"建设的重要抓手，这为"中欧班列"的发展指明了方向。

从地域分布看，"中欧班列"铺划了西、中、东三条通道：西部通道由我国中西部经新疆阿拉山口（霍尔果斯）出境，中部通道由我国华北地区经内蒙古二连浩特出境，东部通道由我国东南部沿海地区经满洲里（绥芬河）出境，三条通道的国内段则以中西部地区居多。中欧班列的开通将给中西部各省（自治区）从闭塞腹地变身为中国向西开放前沿提供难得机遇。

在推动中国高铁"走出去"的大战略背景下，高铁在提升沿线国家各个族群交往、交流与交融水平的同时，防止族群间的"文明冲突"，寻求与沿线国家的"文明共生"，将是事关"一带一路"能否成功的关键。

纵观历史上丝绸之路的发展轨迹，在其千年的演变之间，由于各民族之间经贸往来频繁，同时伴随着文化交流所带来的相互理解，各民族之间非但没有爆发较大规模的冲突，反而呈现出融和共荣的趋势。古代丝绸之路在经贸合作、文化交流、民族稳定三个方面发挥了积极作用，丝绸之路不仅仅是一条经贸畅达之路，更是一条文化亲善与交流之路，一条文明互鉴与融合之路。

在当前情形下，如何激活沿线国家丝绸之路的集体记忆，继承和弘扬"和平合作、开放包容、互学互鉴、互利共赢"的古丝绸之路精神，需要创新思维来营造不同文化"共生"的环境。对于中亚、西亚、非洲等发展中国家，中国必须警惕自身居高临下的优越感或是实力炫耀。要主动将多种文化进行大融通，推动文化共生，打造政治互信、经济融合、文化包容、文明互鉴的利益、命运和责任共同体，推动实现中国与高铁沿线国家走向共同繁荣。

心理张力：认知与认同

中国高铁运营里程已超过 22000 公里，然而，对中国高铁体量的认知并没有带来与之相称的国际认同。近年来关于中国高铁"出海"的舆论环境并不好，"抄袭论""赔本赚吆喝""新殖民主义"等论调不绝于耳，少数居心叵测者更是不遗余力地把"一带一路"政策解释为国家的不断对外扩张、塑造庞然大物般的"中华帝国"形象。实际上意在制造各种"中国威胁论"，并在此基础上炮制中国"国际责任论"。

甚嚣尘上的"中国高铁抄袭论"认为，中国高铁是国外高铁的"山寨版"。其依据是中国高铁发展之初，分别从四家国外公司引进了 CRH1（庞巴迪 Regina C2008）、CRH2（川崎重工新干线 E2-1000）、CRH3（西门子 ICE3 Velaro）以及 CRH5（阿尔斯通 Pendolino），后来的产品都是在此基础上研发出来的。

从知识产权角度来讲，这个问题的核心是正向设计与逆向设计的关系问题。在发展之初，采用引进的技术路线，以此站在巨人的肩膀上高起点起步，不失一种明智的选择，此即所谓的逆向设计。周知，只要是买下了别人的技术，并依据合同支付了约定费用，逆向设计并无不妥。

实际上，2009 年 3 月原铁道部在京沪高铁采购中，与原中国南车、中国北车签署了 392 亿元的采购订单，该订单的标的，是由原中国南、北车在引进消化吸收基础上自主研发的 CRH380A。尽管采购合同是铁道部和中国南车、中国北车签署，但是南车和北车依据先前合同向国外的合作伙伴支付了相应费用，西门子由此分得 7.5 亿欧元。为什么事实如此清晰、操作亦合情合理的事，仍然被指责、被炒作、被诬陷？显然，这涉及认同问题。

2016 年 10 月 5 日，在"一带一路"倡议提出三周年到来之际，由中国铁建、中国中铁承建的连接埃塞俄比亚和吉布提两国首都的"亚（的斯亚贝巴）—吉（布提）"铁路正式建成通车。这是继坦赞铁路之后，中国在非洲修建的又一条跨国铁路，被誉为"新时期的坦赞铁路"，这也是中国首次在海外采用全套中国标准建造的第一条现代化的跨国电气化铁路。不久前，中国铁建又签下赞比亚奇帕塔经佩塔乌凯至塞伦杰铁路设计施工合同，中国铁路在非洲可谓风生水起。

对中国铁路在非洲市场取得的成绩，有西方媒体竟称"中国在非洲的所作所为，与英国 140 多年前的做法别无二致"。值得国人关注的是，这种"新殖民主义"的无端指责，也得到了非洲一些非政府组织的支持。国际舆论特别是西方舆论充斥的诋毁和妖魔化中国的言论促使我们反思，推动中国高铁"走出去"的心态是否过急，用力是否过猛。需知，从我们认知意义上的"广而告知"，到所在国的"内心认同"和国际社会的普遍认同，仍然还有很大一段距离。

中国高铁"走出去"靠的是过硬的技术水准、丰富的运营管理经验与公平的市场竞争，而不是过于依赖政治推动。过于依赖政治或政府推动的项目，可能引起一些国家的战略猜忌，甚至还给阴谋论者提供想象空间。

实践中，着力争取目标国在技术上的认同自不待言，更要注意的是，应着力实实在在地帮助目标国解决交通基础设施落后严重掣肘经济社会发展的现实问题，以此赢得目标国人民的价值认同。价值认同远比技术认同重要得多。事实上，对于目标国人民来说，或许技术问题本身并不是问题，真正的问题是有没有把中国划进"朋友圈"？

微信上有过一个很火的帖子，讲述了房小琪一行 18 辆车自驾巴基斯坦的经历。巴基斯坦政府出动军车、骑警护卫车队安全，民众用花瓣和他们可能从来没喝过的可乐七喜迎接车队，孩子裹着中国国旗在父亲的臂弯中熟睡，等待中国车队的到来。如此礼遇，只因"我们是中国人"。

近几年来，中巴铁路、高速公路建设的顺利推进，无疑首先是基于中巴两国人民的传统友谊，而非中国技术如何之高、中国质量如何之好、中国建造性价比如何之优。对于中国高铁"走出去"而言，"朋友圈"有多大，"高铁线"就有多远，做大朋友圈才能修远高铁线。

潮流张力：全球化与逆（去）全球化

从过去五千年的人类文明发展来看，人类的未来必然是全球化。1944 年"布雷顿森林协议"、1947 年"关税与贸易总协定"、

1994 年"世界贸易组织",打破了国与国之间的贸易壁垒和经济边界。能源、电信、交通工具的科技与产业革命以及电子信息与网络革命,也为经济全球化发展提供了技术支撑和现实可能。

进入 21 世纪,随着国际贸易快速增长,国际通行标准不断增多,跨国公司快速崛起和国际金融体系的日益完善,国与国之间在经济、政治、文化上相互依存,商品、劳务、技术、资本、信息超越市场和国界进行全球扩散。特别是近十年来,随着现代电子通信传媒、现代交通方式的飞速发展,社交媒体、物联网、大数据、金融科技与区块链、虚拟现实、人工智能等数字技术的日新月异,人与人之间的时空距离骤然缩短,互联互通成为当今时代的"元模式",整个世界紧缩成了一个"村落",全球化已然成为不可逆转的时代潮流。

然而,全球化并非一个完美图景,全球化深入发展带来诸多负面效应。最为突出的是,贫富差距扩大不但存在于穷国和富国之间,更内化到国家内部并激化社会矛盾。因此,在全球化进程中质疑与反对之声不绝于耳。比如,依赖理论提出者萨米尔·阿敏认为,"全球化是一个反动的乌托邦";经济学家阿兰·鲁格曼认为,"全球化非但没有走向成功,而且已经走向终结"。

按照全球战略家、风靡 TED 讲坛的主讲人帕拉格·康纳的说法，在过去短短不足 20 年内，质疑全球化已经终结的浪潮至少有四次。[①] 第一次是 2001 年发生在美国纽约和华盛顿的"9·11"恐怖袭击，这次恐怖袭击几乎摧毁了西方世界和阿拉伯世界的信任，导致边境管控加强，质疑全球化的浪潮由此兴起。第二次是 2006 年世界贸易组织"多哈回合谈判"破裂，有人认为如果没有统一的全球规则，全球贸易就会削减甚至萎缩。第三次是 2008 年全球金融危机，当时各国出口下降、国际信贷收缩，世界主要国家的公共政策议题，开始从强调释放市场力量的新自由主义范式向主张社会保护转变，全球化"双刃剑"负面效应发酵并搅动西方国家等经济体深层次的内外部矛盾。所有这些都被某些人拿来作为"去全球化"的证据，全球化进程似乎开始陷入停止，甚至发生逆转。

自 2015 年开始，随着美联储加息、中国经济增长放缓，以及廉价能源和技术发展导致的制造业回流和自动化生产，第四次全球化终结的声音逐渐响起来。特别是 2016 年世界接连爆出一系列"黑天鹅"事件，全球化进程再一次遭遇严重挫折。先是英国公投脱欧，卡梅伦离任，曾被视为区域一体化典范的欧盟面临着无法

---

① ［美］帕拉格·康纳（Parag Khanna）：《超级版图：全球供应链、超级城市与新商业文明的崛起》，中信出版社 2016 年版。

预估的不确定性。接着是特朗普当选美国总统，奉行孤立主义与保护主义，采取取消TPP、对墨西哥等国商品征收高额关税、在美墨边境修筑隔离墙、禁止穆斯林进入美国等反全球化政策。

2016年12月5日，意大利修宪公投被否，总理伦齐辞职，意大利最大的反对党五星运动正在积极谋求就退出欧元区进行不具约束力的公投。意大利是欧盟四大经济体之一，如果意大利退出欧元区基本上等同于退出欧盟，因此，欧盟将会面临随时分崩离析的危险。此外，欧盟议会投票宣布，不承认中国的市场经济国家地位，德国明确提出反对TTIP，越来越多发达国家的政策天平，纷纷向贸易投资保护主义一边倾斜。

这一系列包括"黑天鹅"事件在内的诸多现象表明，世界性的民粹主义泛起和反（去）全球化运动抬头，经济民族主义趋势正在蔓延，各国内顾的势头正在加强。以TPP、TTIP为代表的高标准区域贸易协定谈判进程正在遭遇挫折，以NAFTA为代表的业已成熟的自由贸易安排也恐出现变数。

诚然，不可阻挡的全球化与难以遏制的民粹主义、民族主义、保守主义、孤立主义和反（去）全球化之间产生了严重张力，这反映出世界格局在冷战结束后处于新的十字路口。保守主义强势回归，人们求变心切，社会分裂和价值分化不断加深，世界在乱与治、分与合、破与立之间存在诸多困惑和利益博弈。一个新的国际秩序正在磨合和碰撞中，世界面临一个更加不确定的未来。在全球化与反（去）全球化激烈博弈的国际局势下，中国高铁"走出去"需要趋利避害。

一方面，坚定全球化信念。顺应经济全球化、世界多极化、文化多样化、社会信息化的潮流，致力于维护全球自由贸易体系和开放型世界经济。联合国前秘书长科菲·安南深刻指出，反对全球化就像是反对地心引力。全球化潮流不可逆转，顺之者昌，逆之者亡。在全球化演进过程中虽然出现了许多问题，有些问题甚至很严重，但不能因为这些问题而从根本上否定全球化本身，不能因噎废食地简单全盘否认全球化。现在不是要不要全球化，而是要什么样的全球化，应该在"扬弃"现有全球化弊端的基础上探索出一条新型全球化道路。

早在1991年1月召开的达沃斯世界经济论坛第29届年会上，"负责的全球化"理念就被提出。我们要秉持和践行这一理念，将"不良的部分经济全球化"变成"包容性负责任全球化"，塑造包容普惠、有活力可持续的新型全球化。关于"新型全球化"的要义，习近平主席在2017年达沃斯论坛的主旨演讲中说得很清楚，即实现经济全球化进程再平衡，结合国情正确选择融入经济全球化的路径和节奏，注重公平，让不同国家、不同阶层、不同人群共享经济全球化的好处等。在给博鳌亚洲论坛 2017 年年会开幕式的贺信中，习近平主席强调指出，共同推进更有活力、更加包容、更可持续的经济全球化进程。中国高铁要坚守全球化战略定力，坚定"走出去"战略不动摇。

另一方面，中国在高铁"走出去"过程中，要十分注意通过基础设施互联互通、经贸合作、产能合作、金融支持等手段，拉动相关沿线国家的投资和内需，减小地区间发展水平和差异，在提升地区整体发展水平的同时实现共同发展。要将经济全球化与本土化相结合，帮助更多国家脱贫致富，助推沿线国家特别是广大发展中国家和文明古国共同复兴，构建起区域共同市场"平等平衡、共享共赢"的新型国家关系。

具言之，中国要切实站在目标国的立场上来思考和行动，不单单是推动高铁建设，更要紧扣目标国经济社会发展需要，以高铁建设为牵引，推动沿线各国产业化、城镇化乃至工业化进程，改善当地民生，带动当地就业，促进目标国经济社会快速发展，给目标国人民带来实实在在的物质福利，共同探寻一种新型的可持续的区域协同发展道路。

4.2 中国高铁"走出去": 在挫折中砥砺前行

机遇千载难逢

中国高铁"走出去"适逢千载难逢的重要战略机遇期。总体而言，中国综合国力不断增强，国家外交形象显著提升，和平发展环境态势趋好，中国国家领导人高度重视铁路装备国际化，屡屡在国际舞台亲自推介中国高铁，这将有助于政府规划引导、高铁企业有序"走出去"局面的形成。

中国政府力推"一带一路"倡议和高铁"走出去"战略，从2013年下半年至今，李克强总理在多次国事访问中，亲任"推销员"大力推销中国高铁。在外事团访华过程中，乘坐高铁也基本成为必备的活动安排。上世纪70年代外国政要造访日本必游"新干线"，1978年邓小平访日，在乘坐新干线时感慨"就感觉到快，有催人跑的意思，所以我们现在更合适了，坐这个车。我们现在正合适坐这样的车"。[①] 三十多年过去，如今来华的外国政要乘坐中国高铁出行，两相对照，令人感慨万千。

就外部环境来看，全球经济进一步复苏，北美高铁建设发展起步，欧亚大陆经济走廊作用凸显，非洲铁路现代化需求旺盛。

---

① 中央文献研究室:《邓小平》，中央文献出版社1997年版，第62页。

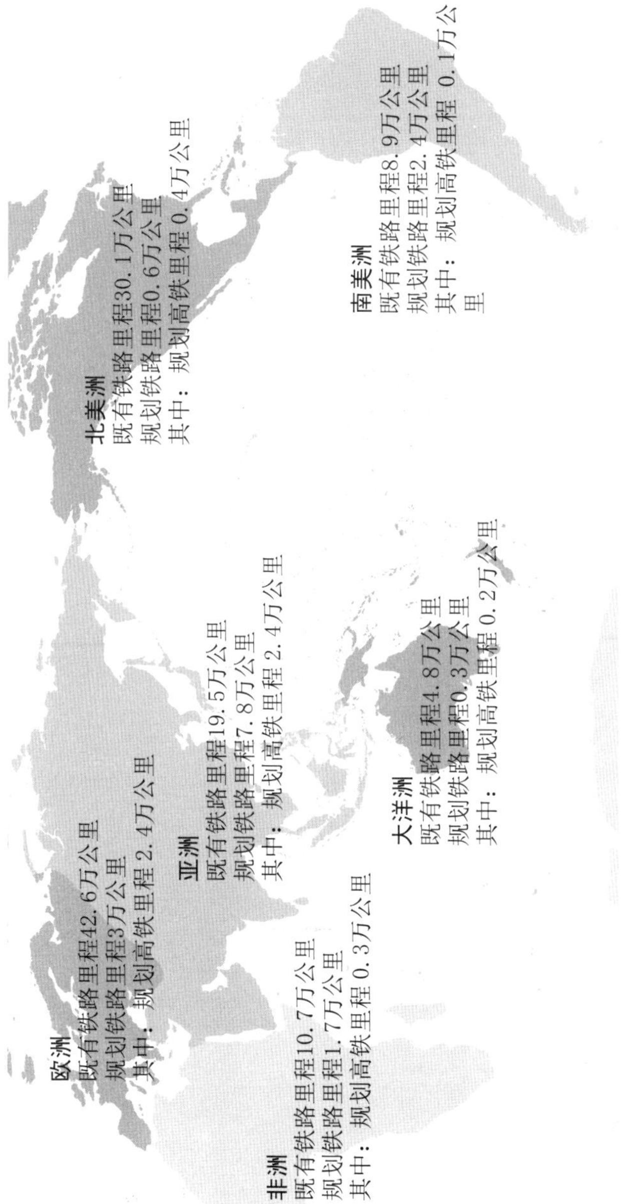

图 4.2 国际铁路市场需求（2016—2040 年）

北美洲
既有铁路里程30.1万公里
规划铁路里程0.6万公里
其中：规划高铁里程 0.4万公里

南美洲
既有铁路里程8.9万公里
规划铁路里程2.4万公里
其中：规划高铁里程 0.1万公里

欧洲
既有铁路里程42.6万公里
规划铁路里程3万公里
其中：规划高铁里程 2.4万公里

亚洲
既有铁路里程19.5万公里
规划铁路里程7.8万公里
其中：规划高铁里程 2.4万公里

非洲
既有铁路里程10.7万公里
规划铁路里程1.7万公里
其中：规划高铁里程 0.3万公里

大洋洲
既有铁路里程4.8万公里
规划铁路里程0.3万公里
其中：规划高铁里程 0.2万公里

国际铁路市场需求（2016—2040 年）示意图见图 4.2。

与之相对应的是，轨道交通装备市场前景良好。据德国 SCI 咨询公司发布的相关报告，2016—2020 年，考虑到各国铁路技术升级和基础设施建设需求等因素，全球轨道交通市场总体保持稳定增长态势。未来五年，轨道交通装备市场预计将呈现年均复合增长率 2.2% 的增长，其中新造市场复合增长率为 0.8%，维修市场复合增长率为 3.7%；到 2020 年，轨道交通装备总容量约为 1327.77 亿美元（见表 4.2）。

表 4.2　2020 年各地区（不含中国）轨道交通装备市场容量（亿美元）

市场区域	新造市场	维修市场	各区域合计
欧洲地区	161.32	222.89	384.21
东南亚地区	172.71	145.46	318.17
北美洲地区	114.02	129.06	243.08
独联体地区	71.52	81.87	153.39
南亚地区	57.51	21.78	79.29
西亚地区	19.14	13.08	32.22
拉丁美洲地区	17.24	17.27	34.51
北部非洲地区	6.01	7.91	13.92
大洋洲地区	11.99	12.30	24.29
南部非洲地区	11.54	10.12	21.66
中亚地区	11.63	11.40	23.03
合　　计	654.64	673.14	1327.77

资料来源：中国中车研究院，《轨道交通装备制造业全球战略布局研究报告》。

就自身条件来看，中国产业结构升级加快，与相关国家产业发展互补性增强。特别是经过多年发展中国高铁取得了举世瞩目的成就，已经建设并运营着世界最大的高铁网络，积累了应对复杂多样地质条件和气候环境以及长距离、高密度、不同速度等级共线跨线运行的高铁建设与运营技术，建立了完备的中国高铁技术体系。

中国高铁不仅具有技术先进完善、安全可靠、兼容性好、质量和性价比高、产品交货期有保证、建设适应性强、运营经验成熟等比较优势，还有建设与装备有机结合的整体优势，以及投融资支持的综合优势。因此，在国际市场享有良好声誉，具备强有力的竞争优势。

变数不容小觑

中国高铁"走出去"也面临筹措巨额建设资金、统一技术标准、协调海关检疫和安全检查程序、统一建设步伐、适应跨国营运等异常困难与严峻挑战，并深受国际政治环境、市场环境、产业环境、法律环境、金融环境、文化环境等多种因素的交错影响。突出表现在：

一是遭遇德国西门子、法国阿尔斯通、日本 JR 东日本和川崎重工、加拿大庞巴迪等已具备高铁技术优势的发达国家的激烈竞争。据《日本共同社》2014年3月18日报道，日本四大铁路公司高调成立"国际高速铁道协会"，携手向海外输出新干线技术和设备，推进日本高速铁路标准成为国际化标准，并邀请计划建设高铁的美英等国铁路公司加入，以利于获取订单，抢占全球铁路市场份额；此外，日本首相安倍还力推"高铁基建外交"，拟向美国高铁计划无偿提供最先进的低温超导磁悬浮技术。

二是相关国家高度关切地缘政治、国家安全、资源保护、企业利益等自身因素，合作谈判困难重重。如"印度教徒报"网站就发表文章称"印度对中国高铁说不"。实际上，对印度来说，与中国任何经贸合作都具有政治上的敏感性，不安与负面情绪始终存在。

三是技术标准成为国际贸易中的技术壁垒，在高铁标准已被国外垄断或使用、欧洲标准具有天然排他性等背景下，中国高铁核心技术只有取得国际专利和产权保护，才能畅行世界。

四是投融资和营运模式仍不尽成熟，BT、BOT、EPC、PPP等模式各有利弊，存在盈利风险。

五是一些发展中国家政局不稳、宗教冲突、文化相斥、腐败现象，以及信息不对称和"走出去"存在不可控因素等。

成绩与挫折相伴

近年来，中国铁路特别是高铁"走出去"呈现良好态势。中企在海外承建的第一条高铁——土耳其安伊高铁二期工程顺利通车；中国为马来西亚生产的世界最高运营速度米轨动车下线。中国第一条全系统、全产业链对外输出的高铁项目——印度尼西亚"雅加达—万隆"高铁已经启动先导段建设；第一个全线采用中国标准、使用中国设备、由中方主建运营的与中国直接连通的境外铁路项目——"中（国）—老（挝）"铁路于 2015 年 12 月进入实施阶段。

"中欧班列"统一品牌正式使用。中泰铁路、匈塞铁路塞尔维亚段已经正式启动；中俄签署"莫斯科—喀山"高铁发展合作谅解备忘录和勘察设计合同，中美签署"美国西部快线"设立合资公司框架协议，中伊签署"德黑兰—马什哈德"铁路高速改造商务合同。巴基斯坦拉合尔橙线、埃塞俄比亚"亚的斯亚贝巴城市轻轨"一期、越南河内吉灵—河东线等城市轨道交通"走出去"项目也取得积极进展。

此外，马来西亚至新加坡高铁项目也在加快推进；印度"德里—金奈"高铁可行性研究工作稳步推进；连接巴西和智利长度达 3560 公里的"两洋"（大西洋、太平洋）铁路可行性基础研究工作取得阶段性重要成果。2016 年 10 月，埃塞俄比亚首都亚的斯亚贝巴至吉布提铁路（亚吉铁路）正式通车。亚吉铁路是中国企业在海外首次采用全套中国标准和中国装备建造的第一条现代电气化铁路，全长751.7公里，总投资约40亿美元。

中国高铁"走出去"不仅在建设方面表现不俗，在装备出口方面的成绩更是令人刮目相看。短短十几年，中国在成为全球最大高速铁路市场的进程中，也成长为全球重要的轨道交通装备供应商，其取得的非凡成就与发展速度出人意料。同时，以高铁装备出口为标志的产能合作全面推进，中国同近20个国家开展了机制化产能合作，一大批重点项目已经落地生根。

据"法兰克福汇报"网站2015年5月26日报道，德国铁路公司董事哈纳加特透露，预计中国高铁机车将很快获得德国铁路部门的进口许可。今后三到五年内，中国将在德国铁路的机车及零部件采购领域占有重要地位。实际上，中国高铁供应商已具备在西方工业国家中标的实力，其产能将满足全球机车市场一半的需求。高铁强国德国的传统供应商西门子公司已表示，将积极应对新的国际竞争对手"中国中车"。

尽管中国高铁"走出去"局面良好，且动力、实力、潜力十足，但中国高铁"出海"也遭遇不少尴尬。面对复杂的国际环境、激烈的市场竞争、难以预知的不利因素，中国高铁"走出去"可谓在艰难中前行。特别是近两年,每个"走出去"的高铁项目几乎都不平顺,出现反复甚至颠覆性的情况几近常态。

中缅高铁项目被喊停;墨西哥政府在宣布中国企业中标后四天,就宣布撤销中标结果;泰国"大米换高铁"更是一波三折;印尼高铁项目虽然最后拿下,但这种缺乏政府担保的项目,将考验中国项目公司未来海外的生存能力;中俄高铁项目将面临严峻的技术与运营挑战;中国高铁进入中东欧市场也面临一系列地缘政治与规制性风险。整体上看,中国高铁项目谈得多,也与众多国家达成了合作意向,但实际落地并开展实质性建设的却十分有限,尤其缺少具有鼓舞人心的标志性和带动性项目。

4.3　中国高铁"走出去"的十大挑战

总结和反思中国高铁"走出去"的征程,我们越来越深刻地认识到,能最终"走进"目标国,中国高铁才是真正"走出"。为此,需要重点关注以下十大挑战。①

---

① 徐飞:《中国高铁"走出去"的十大挑战与战略对策》,《学术前沿》2016 年第 14 期(总第 102 期),第 58—78 页。

理性认识海外高铁市场，客观评估全球高铁容量，跳出高铁看高铁

高铁是一个国家的"奢侈级"基础设施，主要分布在东亚和西欧地区，中国、法国、日本、德国、西班牙和英国是高铁的核心市场。目前，有成形或在建高铁项目的国家有俄罗斯、波兰、沙特阿拉伯、美国、土耳其和摩洛哥，印度、泰国和马来西亚是未来有潜力的市场。建设高铁有四个较高门槛：一是需要投入大量资金；二是人口密度要大；三是电力供应充足；四是经济发展达到一定水平。能满足这些条件又有意愿修建高铁的国家十分有限。

不仅如此，高铁还涉及政治、社会、文化甚至国防、军事等很多复杂因素。正是由于这些原因，目前世界在建高铁并不多，许多国家存在用不上或者建不起高铁的情况。欧美不少国家在上世纪 70 年代前已完成大规模交通基础设施建设，现在有些国家虽然有建高铁的需求，但受金融危机影响经济复苏乏力，因此，海外高铁市场远不如想象中广阔。世界银行由此作出判断，全球最大的高铁市场仍在中国。

全球高铁市场有多大？如前所述（见表 4.1），未来 20—25 年（2040 年前）世界高铁需求在 1.5—3 万公里左右（不含中国）。目

前,英国正在推进 568 公里的 HS2 高铁项目,法国规划到 2020 年前新建高铁 2500 公里,德国则对列入计划的联邦铁路基础设施建设承担财政支持,并将发展高铁作为铁路现代化建设的重点;俄罗斯规划至 2030 年高铁和快速铁路 1.1 万公里,2020 年先期投资 523 亿美元,计划开建的莫斯科—喀山、莫斯科—索契、莫斯科—圣彼得堡等多条高铁和快铁,投资总额达 4.9 万亿卢布;印度在未来 5 年将打造 1 万公里的"钻石四边形"高铁网,并升级改造 6.5 万公里既有铁路。此外,澳大利亚、巴西、南非等国亦提出规模庞大的高铁建设发展规划。

近期,美国波士顿咨询集团发布的研究预测显示,全球高铁市场在 2019 年的总价值约为 1330 亿美元,高于 2014 年的 1120 亿美元。另据德国调查报告,未来全球铁路市场容量有望以每年 3.4% 的速度增长,高铁市场容量预计每年增速为 1.3%,而传统铁路占铁路总市场份额的 3/4。这些数字表明,高铁市场容量固然不小,但全球 200 多个国家的普通铁路产品却更庞大,是高铁市场的十几倍甚至几十倍。

进入 21 世纪以来,随着新一轮科技革命和产业革命大行其道,加之全球能源危机、环境污染、气候变暖、交通安全等问题日益严重,在全球经济向低碳模式转变的大背景下,国际铁路(轨道交通)市场呈现明显复兴态势,客运向高速、城市轨道交通、联合运输方向发展,货运向重载化、快捷化、物流化方向发展。

欧美、日本、俄罗斯等发达国家大力发展高速铁路网和城市轨道交通,中东欧、亚、非、拉等越来越多的发展中国家也把铁路作为优先发展领域。各国陆续从可持续发展、城市化进程、区域协调发展、综合运输体系构建、国际通道建设等方面,调整并实施了新的运输发展战略,加大了对铁路(轨道交通)的建设投入。

因此,中国高铁"走出去"切忌就高铁谈高铁,应从中国铁路"走出去"这一大背景进行审视。此外,介于高铁和普铁之间的"泛高铁"或快铁,是一种设备等级比普铁高、速度接近高铁的动车组列车,其性价比高,值得充分重视。

认清目标国国情多样性,精准把握东道国对高铁需求的差异性

高铁要真正走进目标国,需要认清目标国国情的多样性,精准把握东道国对高铁需求的差异性。目标国特别是"一带一路"沿线各国的国情具有多样性和多元性。"一带一路"沿线各国的社会制度、经济水平、文化习俗、宗教信仰、历史传统、地理环境、

发展道路各不相同，在铁路发展的轨道制式、建设方式、运营模式、投资融资等诸多方面很可能也是差别迥异。

以宗教信仰为例，"一带一路"沿线国家多元宗教并存，中亚、西亚、北非地区以伊斯兰教为主；中东欧地区主要信仰基督教，还有伊斯兰教；东南亚地区以佛教、伊斯兰教为主，基督教、儒释道信仰等并存；南亚地区以印度教为主，伊斯兰教、佛教、锡克教等并存；南太平洋地区以基督教为主。

又以工业化进程为例，"一带一路"沿线国家工业化水平差距较大，涵盖了工业化进程的各个阶段。中亚五国分布在工业化初期和工业化后期两头；东南亚和南亚国家大部分处于工业化初期，尼泊尔、孟加拉国、柬埔寨、老挝和缅甸还被联合国列入最不发达国家之列；中东欧和西亚、中东的国家大部分处于工业化后期。

再以轨道制式为例，轨道制式分为标准轨距、宽轨距、窄轨距，中国、伊朗、土耳其采用1435mm标准轨距，俄罗斯、哈萨克斯坦、蒙古等国采用1520mm宽轨距，印度、巴基斯坦等国采用1676mm宽轨距，非洲加纳、刚果、坦桑尼亚、赞比亚等国家采用1067mm窄轨距，几内亚、埃塞俄比亚、喀麦隆以及东南亚国家绝大多数采用1000mm窄轨距。

"一带一路"沿线各国国情的多样性和对铁路需求的差异性，

决定了中国高铁"走出去"必须精准对焦沿线国家的具体需求，做实、做细、做透前期研究。要充分了解东道国国情和面临的问题，在对这些国家基本国情综合研究的基础上，有针对地提出铁路规划、勘探、建设、装备、运营、维护、投融资等技术集成方案。

同时，还要提供足够的有关投资、成本、运营、载客量等详细的数据供东道国决策。中国要充分利用自身拥有的高铁建设数据的优势与项目所在国分享，让他们了解发展高铁是否合理，需要多少投入，能够产生怎样的经济效益，以帮助他们更好地决策。

把高铁建设和产业化城镇化有机结合，将"双轨"向"两化"提升

高铁不仅是交通线，还是经济线、旅游线、民生线，对地方来讲更是生命线和国民经济大动脉。一条高铁背后是一个产业规划，几条高铁意味着区域经济版图的重构和城镇化的勃兴。高铁将为"一带一路"沿线各国的产业化、城镇化乃至工业化插上腾飞的翅膀，让当地人看到经济振兴的希望，对那些位于亚洲脊柱地带各条纵横交错道路的国家而言尤其如此。

因此，要将高铁"双轨"向"两化"（产业化、城镇化）提升，

既立足高铁又超越高铁，即从单纯的高铁建设，向高铁建设与沿线区域的资源开发、产业发展、城镇建设、工业振兴等一体化规划推进，充分释放"高铁红利"，充分发挥高铁的"拉动效应"和"溢出效应"。这样，既可减少以前单一建高铁的阻力，增强对目标国的吸引力，又能更好地改善民生、带动就业，促进当地社会经济发展。

高铁线路开通运营，将释放既有铁路的货运运输能力，提升既有铁路网的运输能力，加速人流、物流、能流和资金流流动，扩大东道国国内外物流吞吐能力，促进进出口贸易，增强市场活力，增大对国内外投资者的吸引力，从而促进当地产业发展。进一步，高铁还能有效促进"一带一路"沿线的东部、中部、西部地区之间的互动与合作，为新一轮的对外开放提供动力，带动东道国国内更多产业不断向国际拓展，参与国际竞争，给该国经济社会发展带来更大的增长空间和发展潜力。

城镇化是高铁"溢出效应"的重要体现。目前，发达国家的平均城镇化率已经达到了80%，"一带一路"沿线国家的城镇化率却很低。高铁是新型城镇化的纽带，作为开路先锋将主导城镇化的未来。以站点城市为基点，形成以高铁为纽带的城市群，或将是新型城镇化的理想模式。

与中国类似,"一带一路"各国内陆经济与沿海经济不平衡,贫困人口和落后地区主要集中在内陆区域。铁路深入内陆腹地、扮演经济发展大动脉的内在特征,决定了在发展内陆经济中的绝对地位和不可替代作用,由此助推内陆地区由对外开放的边缘迈向前沿,从而在加快整合周边区域产业和提升开放型经济水平的同时,加速推进沿线城镇化建设进程。

注重促进价值认同,构建利益共同体、责任共同体和命运共同体

改革开放以来,中国经济保持高速发展,整体国力不断上升。中国作为世界第二大经济体和最大发展中国家,已然进入世界舞台的高光地带。中国的一举一动都可能对区域和全球政治经济格局产生影响。对中国的迅速发展,各国心态复杂,既希望搭乘中国经济发展的顺风车,又担心会受制于中国。中国在推动"一带一路"建设的进程中,必然会触及传统的利益格局,引起某些国家的不满和摩擦,甚至引发竞争和阻挠。在基础设施互联互通事务上,相关国家既是合作伙伴,也可能是潜在竞争者。

例如,俄罗斯就担心"中吉乌铁路"使用的标准轨与俄式轨不能衔接,进而导致中亚国家对俄离心。特别是"一带一路"沿

线国家中，大多数国家的经济规模与中国差距巨大，对互联互通和中国高铁出海既有期盼又迟疑不决。中国与周边国家的交往虽然有深厚的历史渊源，但现在却被一些国家视为潜在的威胁或是主要竞争对手加以防范，甚至联合域外国家进行战略遏制。

铁路是一个国家的大动脉，关乎国家战略命脉、国土安全、社会稳定、经济发展，具有重大战略意义。同时，又具有高度政治敏感性和公众关注度，一般而言，无论政府抑或民众，都不希望、不赞成、不愿意依靠外国修建铁路，正如我们在民国时期也曾抵制外国人在中国修筑铁路一样。这在情理之中，除非彼此之间是盟友。实际上，中国与部分周边国家存在领土、岛屿、海洋主权争端和利益冲突，如与印度的边界问题数十年来悬而未决，与部分东南亚国家在南海的领土领海争议短时期内也难以解决，加之中国高调倡导"一带一路"，沿线国家对倡议的初衷心存误解和疑虑。

从国际社会看，这些年来围绕中国高铁"出海"，各种杂音不绝于耳，谣言甚嚣尘上。既有"中国高铁价格低还提供融资，赔本赚吆喝"的嘲讽，也有"中国是否遵循国际标准，是否兼顾东道国利益，是否履行社会责任和环境保护，高铁'走出去'之路，究竟是绿色之路还是污染之路"的担心，还有"中国以'一带一路'建设为工具，以亚洲基础设施投资银行、丝路基金为手段称霸世界，推行新殖民主义"的诋毁和中伤。

对此，中国必须亮明观点，表明立场，准确地向世界传递"和平发展、共享发展、包容发展"的中国价值，从思想和观念上增加他国对中国的价值认同，进而从根本上消除有关国家的疑虑。中国应不遗余力地向世界昭示，中华文化崇尚和谐，中国"和"文化源远流长，蕴涵着天人合一的宇宙观、协和万邦的国际观、和而不同的社会观、人心和善的道德观。中国兼顾各方利益和关切，寻求利益契合点和合作最大公约数，希望的不是"一枝独秀"，而是"百花齐放，满园皆春"。中国愿继续同东盟、同亚洲、同世界分享经济社会发展的机遇，欢迎各国搭乘中国发展的列车，搭快车也好搭便车也好都欢迎。

同时，中国要更注重用事实和数据说话。作为世界政治大国、经济大国和负责任大国，中国不仅在国际和地区事务中发挥了建设性作用，对世界经济增长更是作出了重要贡献。目前世界经济复苏曲折，中国作为世界第二大经济体，是构建开放型世界经济的领头雁，中国的发展会为世界经济复苏创造更多机遇。印度尼赫鲁大学中国与东南亚研究中心教授狄伯杰的近期研究表明，2016 年中国经济增速为 6.7%，对全球经济增长的贡献率高达

33.2%，在全球经济复苏乏力的背景下，这一数据给人印象深刻。再则，中国提出"一带一路"倡议三年多来，中国企业对沿线国家投资达到500多亿美元，一系列重大项目落地开花，带动了各国经济发展，创造了大量就业机会。中国应抓紧制定高铁国际融入战略，实施国际铁路伙伴计划，把中国国家战略与目标国经济社会发展战略有机结合，争取尽快在一些国家建设若干示范项目，树立品牌，提振声誉，进而用事实直面担心，用口碑证明动机，用多赢回应嘲讽。

中国应进一步加强与沿线国家各界人士建立良好关系，塑造积极正面、互利共赢的国际形象。"国之交在于民相亲，民相亲在于心相通"，中国在沿线国家中应持续培养一大批知华友华亲华助华人士，筑实中国高铁"走出去"的社会土壤，厚植民意基础，增进相互了解，赢得价值认同。

在上述基础上进一步让国际社会认识到，高铁是造福各国普通民众的工具，是加强国际交流、传递文明的使者。高铁这一安全舒适、方便快捷、节能环保的绿色交通运输方式将惠及世界各国，促进投资和消费，创造需求和就业。中国高铁产业链完整、技术先进，应该也能够在促进全人类消除贫困、增进人民福祉、实现公平正义的共同发展中作出自己的贡献。

鉴于当前的外部形势和舆论环境，从战略上中国高铁"走出去"要具开放性和包容性，主动欢迎域内外国家的参与并共同分享建设红利，实现共同发展，编织共同利益网络。比如，与中亚国家合作时可以请俄罗斯加入，与东南亚国家合作也可以让日本、印度、美国等国加入。通过竞争性合作与东道国及他国进行良性互动，不仅可以降低资金压力，还能彼此增强政治互信，建设新型国际关系。

21 世纪是开放的世纪、合作的世纪，在新形势下加强高铁国际合作尤为重要。在设计咨询、工程建设、装备制造、工程监理、人才培养等方面，中国高铁只有开放才能获得竞争驱动力，只有共享才能在国际舞台凸显比较优势，只有竞合才能实现短板的自我提升，只有多赢才能真正找到战略合作伙伴。秉承这种理念，中国高铁才能纵横驰骋在世界大地。

以高铁合作为桥梁和纽带，世界各国之间实现政治互信、经济合作和文化交流。须知，国家间、企业间的"竞合"，即合作中的竞争与竞争中的合作，远比单打独斗或一味竞争的获利更多，而且竞争优势特别是持续竞争优势，是构建在自身优势与他人竞争优势相结合的基础之上的。

让当地企业、老百姓有实实在在的获得感，是促进价值认同的题中之义。中国高铁企业要通过打造优质工程，使项目效益真真切切惠及当地人民。要积极履行企业社会责任，在工程所在国多做善事。同时，要重视本土化、属地化经营，在确保工程质量和品质的前提下，尽量招聘当地的工程技术人员，让当地小微企业和民营企业有机会参与并扮演重要角色。

高铁强国博弈与突围

世界高铁强国主要有日本、法国、德国、加拿大、西班牙、韩国等国，这些国家也是中国高铁"走出去"的主要竞争对手。日本是世界上最早发展高速铁路的国家，新干线高速铁路拥有世界上最为成熟的商业运行经验和高安全标准，运行 50 年来从未发生重大安全事故。法国是欧洲最早拥有高铁的国家，TGV 高铁以高速度著称。德国在 ICE 高速铁路技术方面有着很高的国际声誉，特别是高铁上所用的所有部件它都能自己内部解决，能做到这点的全世界只此一国。德国和法国高铁技术标准在国际市场特别是欧洲市场均有强大影响力。加拿大的庞巴迪是世界级的航空和列车制造商，很早切入高铁行业，也是顶尖高铁的设计者。

这些高铁强国各自都有自己的比较优势，如日本川崎重工的低阻力、轻量化和减灾防灾，德国西门子的主动安全、模块化车体、质量管理体系和可靠性，法国阿尔斯通的生态设计，加拿大庞巴迪的能源—效率—经济—生态（ECO4）。由于高铁技术发达国家各有所长，因此竞争和博弈也日趋激烈。

在高铁国际市场，中国遭遇"阳谋"与"阴谋"双重打压。"阳谋"包括散布"中国威胁论"、公开围堵、政治施压等，"阴谋"则有挑拨离间、暗中诋毁等。竞争的疆域既有周边的东南亚和南亚国家，也有远离中国本土的欧洲、非洲、南美洲和北美洲。竞争方式既有"一对一"的，也有"一对多"的。比如，印度尼西亚"雅加达—万隆"高铁项目、印度"孟买—艾哈迈达巴德"高铁项目，只是中国与日本间的竞争。多国间竞争的例子包括：在缅甸市场，中国、日本、德国都在积极推销本国高铁技术；在新加坡—马来西亚高铁项目中，中国、日本、法国和西班牙都表示对项目感兴趣；墨西哥国内首条高铁项目招标，引起全球17家企业关注，其中包括日本三菱、法国阿尔斯通、加拿大庞巴迪和德国西门子等著名企业。

在国际高铁市场竞争中，有的是纯粹的商业竞争，更多的则掺杂着复杂的地缘政治因素。中国与日本在高铁项目上的竞争，除经济因素外，地缘政治因素分量很重。日本输出新干线系统是"安倍经济"增长的战略核心之一。一定程度上，出口高铁之战已经成为中日之间为争夺亚洲政治影响和规则制定权、主导权的"代理战争"。

在 2015 年印度首条高铁"孟—艾"项目竞争中，日本国土交通大臣专程赴印度推介日本高铁"新干线"，此前日本 JICA 专家甚至放言"即使零元中标，也要拿下东南亚高铁"。日本最终以提供超过 120 亿美元的超低利率（0.1%）、超长还款期（50 年）贷款为筹码战胜中国。显然，日本此举更多着眼政治而非经济，试图与中国"死磕"，阻止中国丝绸之路经济带建设。

无独有偶，2014 年就在缅甸宣布中缅"皎漂—昆明"高铁项目搁浅前，日本高调宣布无偿援助缅甸 78 亿日元（约合人民币 4.72 亿元）帮助修建铁路等设施。当时，正在访问缅甸的日本外务大臣岸田文雄称，"缅甸是连接东盟各国和南亚地区有着战略性位置的国家，从历史来看缅甸也比较亲日，因此，强化日缅两国关系意义重大"。在缅甸取消中国的铁路修建计划背后，日本从中作祟是重要原因。

中国高铁"走出去"的主要市场之一是东南亚，泰国则是中日高铁在东南亚竞争的第一个市场。2014 年 12 月，中、泰两国在双方总理见证下宣布共建高铁。这个造价超过 100 亿美元的项目由中方提供贷款，泰国后来认为中方报出的基础建设 2%、营运管理 4% 的贷款利率太高，日本借机"插足"，2015 年 2 月开始密集和泰方接触。2015 年 5 月 27 日，日本政府与泰国官方签署合作备忘录，泰国首条高铁（清迈—曼谷）将引进日本新干线技术，这对近来争夺东南亚市场的中国高铁是一次挫败。泰国最后选择日本的主要原因，是日本政府通过提供"官方发展援助"（ODA）贷款，向泰国高铁提供的贷款利率不到 2%。低利率的背后仍然是日本首相安倍晋三积极推动新干线"走出去"，以振兴日本经济及政治实力的深层考量。日本渴求斩获泰国高铁，因为日本的新干线高铁系统虽在国内已有 50 年营运经验，但此前唯一输出地只有中国台湾。

"新马"高铁是中日高铁在东南亚对决的新战场。连接马来西亚首都吉隆坡与新加坡间的"新马"高铁全长 350 公里，预计耗资 150 亿美元。马来西亚 2016 年 4 月宣布，新加坡和马来西亚两国有望在年中就新马高铁项目签署备忘录，并将于 2017 年第一季度竞标。中国、日本、法国、德国等国均已表达竞标意向或参与意愿，虽说是四方博弈，但此前在泰国、印度尼西亚高铁项目上激烈厮杀的中日两国，被看作是这一项目实际上最有力的竞争者。

日本竞标的财团是 JR 东日本旅客铁道、住友、日立和三菱重工；中国则由中国铁路总公司牵头，整合中国中铁、中国中车等六家企业组成联合体参与竞争。据新加坡媒体报道，新加坡方面对在车辆和信号系统方面经验丰富的日本企业抱有好感。另一方面，大部分路线位于本国境内且需承担巨额费用的马来西亚，则更为关注车辆和技术都比日本便宜且在资金筹措方面更为便利的中国方案。

亟待提升中国高铁标准国际认同度

21世纪是知识产权的世纪、专利技术的世纪，是标准和品牌的世纪。谁掌握了知识产权和专利技术，谁拥有标准和品牌，谁就拥有话语权，就可以主导市场。中国高铁标准是中国高铁能够"走出去"最重要的基石，推动中国标准成为国际公认标准的过程，就是中国高铁品牌输出过程，也是把中国已经形成巨大产能的高铁产品和技术输出去的过程。

实证调研表明，中国高铁"走出去"的最大障碍在于高铁标准被国外垄断，国外主要采用欧洲标准，中国标准不被接受。目前，在海外还没有一条完全按照中国标准建设的高铁。中国高铁要进入欧洲市场，必须达到欧洲标准。尽管欧洲某些标准已经过时，但要进入欧洲市场，所有装备都必须费时费力地通过欧洲认证，这将严重削弱中国高铁的比较优势和竞争优势。

有报道称，一家中国道岔生产厂商，其产品已经原铁道部质检中心认证，证明产品安全，性能可靠。如果要获得欧洲认证，至少还需花费600万元的认证费。如果再改造中国高铁厂商模具、生产设备规格、工艺流程等，资金投入则更大。同样的情形也发生在中铁建修建的土耳其"安卡拉—伊斯坦布尔"铁路二期工程上。该工程全长仅158公里，但从2005年中标起到2014年7月正式通车，前后共耗时8年多，就与复杂的欧洲标准有关。中国高铁所有的产品装备都要经过欧洲认证，包括信号、机车、钢轨、水泥、橡胶垫片、紧固件等，此外还包括设计规范和工艺流程，甚至模具都需要变为欧洲标准，这些都将大大增加中国高铁的成本，使原有的成本优势丧失殆尽。

国际高铁市场能接受欧洲标准、美国标准、日本标准，为什么就不能接受中国标准？这个问题背后实际上包含三个问题：其一，该不该有中国高铁标准？其二，有没有中国高铁标准？其三，中国高铁标准国际认同度低（不被接受）的内外因是什么？

关于第一个问题，回答是"当然"。中国高铁虽然起步较晚，但中国是当今世界上高铁发展最快、运营里程最长、运营时速最高、在建规模最大、技术最全面的国家，可以承担从通信信号、工务工程、牵引供电、机车客车制造直至运营管理等"一揽子"

出口。

由于中国地域辽阔，高铁修建还经历了不同气候和地质地貌的考验，从高寒地区到亚热带气候，在这些复杂的运营环境中获得的高铁运营数据和经验，在国际市场上具有独一无二的竞争力。尤其是中国高铁运营里程已高达全球的60%，是实至名归的世界第一高铁大国。因此，毫无疑问中国应该有自己的高铁标准。

对第二个问题"有没有中国高铁标准"，回答是"有"。简要回顾世界高铁发展历史可知，高铁发端于日本，发展于欧洲，兴盛于中国。"美国有苹果（iPhone），中国有高铁"，就是国际社会高度认可中国高铁的极好佐证之一。

在"引进"到"引领"的过程中，中国不断消化吸收再创新，在国内高铁建设过程中，已经形成了完整的高速铁路设计、建设、装备、运营、安全管理标准体系以及铁路装备品牌，拥有高铁的自主知识产权。

能取得这样的成绩有很多值得总结的经验，比如，中国当时引进技术时有一项重要政策，即所有零部件必须使用国产的，即使国内暂时造不了要向国外厂商购买，国外厂商也必须和国内企业合资经营，才能获准进入采购名单。正是这一重要举措，让包括当时中国南车、北车在内的国内厂商，在迅速升级高铁技术的同时，也将相关技术加速渗透到整个中国高铁的产业链中。正是因为诸如此类的政策和举措，特别是中国极强的学习、消化和吸收能力，中国得以通过学习借鉴和自主创新，在较短时间内形成一套具有自主知识产权的高铁技术体系和标准。

中国高铁标准国际认同度低的外因主要有三。首先，欧美发达国家拥有成熟的高铁产业体系，若中国高铁的标准和产品进入欧美市场，对它们原来的产业一定会形成冲击，基于自我保护它们会通过技术壁垒不予接受或者进行抵制。

其次，由于中国并非高速铁路技术的原创国家，主要是通过引进消化吸收再创新和集成创新开发出成套技术，虽然这些成套技术标准我们拥有完全自主知识产权，但毕竟发展和形成时间短，对中国标准认知、认可需要一个过程。

再次，高铁是中国高端装备和高技术的一部分，由于中国工业化远未达到发达成熟程度，高端装备和高技术的整体水平与欧美相比尚有不小差距。"主要依靠低廉造价和成本优势赢得市场，中国标准是'改良版'的外国标准"等印象短时间内难以消除，这也导致中国高铁标准在国际市场上的认可度不高。

中国高铁标准国际认同度低的内因则主要是，第一，中国高铁技术的原始创新能力不够，基础性研发投入不足，正向创新能力不强，具有完全自主知识产权的核心技术和专利数量不多，制订全产业链、全生命周期的产业标准体系的能力有待提升。

第二，中国高铁行业在设计、制造和认证等方面缺乏统一、完善的标准体系，已有的中国高铁标准不够规范和详细，与欧洲标准相比存在明显不足。尽管中国高铁标准有的技术水平比欧洲标准更先进，但在规范性、严谨性和精准性方面尚须提高和完善。比如，钢轨的欧洲标准包括物理和化学的成分多少、合金含量的比例多少。再则中国在国际市场宣传自身高铁标准的意识不强、思路不宽、举措不力，甚至中国高铁标准规范至今没有一本完整的英文版。

第三，标准与品牌密切关联。中国高铁品牌虽然已在国际上逐步被接受，但品牌特点与他国相比并不鲜明。市场品牌认知度不高也直接导致中国高铁标准国际认同度低。

第四，中国尚缺乏完全依据中国高铁标准建造的具有标志性和显示度的项目。为此，中国需要直面难以走进欧美发达国家高铁市场的严峻现实，在国际市场找到接受中国标准的突破口，在具备条件的国家直接采用中国标准，以点带面，用事实上的中国标准（事实标准）扩大影响力。

选择从没有自身独立高铁产业的国家，比如中东欧、拉美和非洲国家等发展中国家切入，当是明智策略。对这些国家而言，采用欧洲标准还是中国标准都无关自身利益，且决策周期短。中国可以用已经在国内运营的"高大上"的高铁让它们相信，欧美高铁技术固然先进，中国更有过人之处，性价比更有竞争力，该国如果缺乏建设资金，中国还可以提供贷款融资。这样，它们就容易接受中国标准、技术和规范，使中国标准成为事实标准。

令人欣慰的是，已经开建的印尼"雅加达—万隆"高铁，前期工作准备充分，项目资金、征拆和技术方案落实，东道国政府配合度较高，外部干扰小，是中国高铁从技术标准、勘察设计、工程施工、装备制造、物资供应，到运营管理、人才培训、沿线综合开发等全方位整体"走出去"的第一单，正在从工程质量、安全保障、工期控制、投资效益、环境保护、技术创新、本土发展、全产业链发展等多方面进行精品工程建设，必将成为中国高铁标准国际化的里程碑。

高铁资金需求巨大，尚需突破投融资瓶颈

高铁具有初始投资大、建设周期长、投资回报率低、投资回收慢且风险高等特征。从世界发达国家经验来看，日、法、德铁路"走出去"的基本模式是输出技术、承包工程、出口装备（动

车组）等，很少参与运营，旨在避免或最小化铁路运营的商业和市场风险。例如，莫斯科到彼得堡之间的铁路就购置了德国的高铁动车组；韩国主要引进法国的高铁技术；中国台湾分别从日本、德国、法国引进高铁技术。

修建高铁资金投入很大，必须有很强的财力。然而，项目东道国往往难以筹集修建高铁的全部资金，特别是"一带一路"沿线国家经济发展水平普遍落后，通常要求承建商提供项目融资。因此，"带资"承建国外高铁在一定时期内很普遍，融资也就提上了议事日程。例如，中国铁建中土集团承建的土耳其安伊高铁二期工程，其合同金额为12.7亿美元，中国进出口银行提供的贷款就达7.2亿美元。

一般地，不仅建设施工单位需要银行支持，装备制造企业也仰仗银行给力。2014年4月20日，中国北车与中国进出口银行签订战略合作协议，合作金额为300亿元人民币或者等值美元，合作期限为三年，进出口银行通过把钱贷给国外的购买方，支持北车高铁出口海外。实际上，进出口银行在墨西哥项目、老挝项目等诸多海外项目上，都是中国承建国外高铁的坚强后盾。

同样，中国银行大力帮助中国南车的技术、装备、产品等出口。例如，中国银行约翰内斯堡分行为中国南车旗下的株机公司开出南非 459 台电力机车合同项下 4 笔金额共计 4.1 亿美元的履约保函和预付款保函，该笔订单是迄今为止中国单笔出口金额最大的轨道交通车辆订单。

"带资"建高铁作为一种策略，甚至作为相对于竞争对手的比较优势，在一定时期是必要的。但是，如果中国高铁"走出去"都采用这种方式，资金的压力将足以把中国高铁压垮。即使压不垮，融巨资投资高铁的风险也极大。以中俄高铁为例，"莫斯科—喀山"高铁的总造价估计为 1.068 万亿卢布（180 多亿美元），仅技术论证工作一项就需 1 亿美元。资金从何而来？以俄罗斯的人口，高铁运量如何满足？

俄罗斯尚且如此，若给地缘政治复杂的发展中国家提供大笔融资则风险更大。因此，在高铁出口中"以货易货"模式应运而生。"以货易货"即用资源或能源换高铁，如大米、橡胶、铜矿、石油、天然气换高铁，这种模式双方均可接受，泰国的"大米换高铁"就是典型例子。2013 年 10 月中国总理李克强访问泰国后，中泰两国政府达成协议，中国参与泰国高铁项目建设，泰国则以农产品（大米）抵偿部分项目费用。俄罗斯的莫—喀高铁项目亦有部分"以货易货"，即俄方愿意用议定的石油天然气来交换中国高铁。当然，"以货易货"模式仍有风险，比如，若因为各种原因换不成又该如何？答案似乎是，只能依赖对方的信用（政府信用、银行信用或商业信用）与抵押物。

承建国外高铁的常用模式有 BOT（建设—经营—转让）和 BOOT（建设—经营—拥有—转让）。这两种方式的收入都取决于高铁项目建成后的收益，要实现短期赢利很困难，高铁运营和维护成本、客流量大小以及来自其他运输方式的竞争都可能影响赢利状况，拖累赢利进度。高铁运营从亏损到平衡再到赢利，通常需要较长时期。

其他承建高铁的模式还有 BT、EPC、F+EPC 和 PPP 等。BT（建设—转让）是建成后即转让，没有运营环节。EPC 即俗称的交钥匙总承包模式——"工程设计（Engineering）—采购（Procurement）—施工（Construction）"总承包，承担工程项目的设计、采购、施工、试运行服务等工作，并对承包工程的质量、安全、工期、造价全面负责。F+EPC 即"融资（Finance）+EPC"，亦即融资总承包模式。该模式整合项目融资与承发包，在解决项目建设资金来源问题的基础上，充分发挥设计的核心作用。PPP 即"公私合作伙伴关系（Public-Private Partnerships）"模式，侧重公共部门和私人部门合作项目的运作模式、风险分担机制、投融资职能分配和项目监控评估等。项目需要私人部门负责项目的全部投资，在政府的监管下，通过向用户收费收回投资实现利润。BT、EPC、F+EPC 和 PPP 均涉及投融资，投融资问题不解决，这些模式都难以实施。

在上述诸多模式中，BOT 最常用、最成熟。但是，根据以往经验，经济风险仍然巨大。例如，2007 年通车的中国台湾高铁是迄今为止世界上最大的 BOT 高铁，总里程 345 公里，总投资 4800 亿新台币（约合 1200 亿元人民币），平均每公里造价约合 3.47 亿元人民币，由民营的台湾高铁公司负责兴建营运。投入运营以来，由于运量不足、利息负担过重、折旧摊提费用庞大，台湾高铁一直处在亏损状态，现在已经进入 "破产倒计时"。台湾交通部门负责人叶匡时曾要求，要么增拨 300 亿元新台币的补贴，并将高铁运营特许期从 35 年延长到 70 年；要么准备好 5000 亿元新台币，等着收下破产的台湾高铁。

BOT 的风险除了建成后的收益（明显）低于预期外，更严重的风险是建成运营后拿不到钱。虽然让承建方运营几十年，但在他国项目运营风险不在自身控制中，最后可能白干，还不如直接转让移交。因此，项目建设方更倾向采用不负责运营的 BT 模式，交工程就付钱，如果没钱就用资源或能源交换。

高铁 "走出去" 有几个层次：第一是出口机车，第二是参与高铁建设，第三是提供融资。这三个层次面临的风险各不相同。第一个层次一般不用提供融资，风险最小。第二个层次分提供融资和不提供融资两种。金融风险集中在第三个层次。实操中，究竟是用技术出口、装备出口、EPC（工程承包）或 F+EPC（融资＋工程承包）方式，还是用 BOT、BT、BOOT、PPP 方式，抑或是中外合资方式，需要具体情况具体分析。总的指导思想是，创新高铁产业合作商业模式和投融资模式，盘活项目现金流，提升企业合作经济性和动力，加强风险防控，规范企业境外经营行为。

一般而言，对运营收益长期稳定、东道国政局平稳、经济实力较强的项目，可采用 BOT 或 PPP 方式，实现利益共享，风险共担；对于从互联互通考量有重大战略价值，但经济回报较差、资金需求大、东道国经济实力严重不足的项目，宜用中外合资的方式给予政策支持，以保障项目持续运行；或者可用装备出口、工程承包、融资＋工程承包等方式，建立研发中心，生产制造企业进行本地化经营，同时，开拓维修和工程服务市场。

急需加强顶层设计与统筹规划

中国高铁"走出去"需加强顶层设计和统筹规划，其必要性、重要性自不待言。然而现实情况是，国家层面缺乏宏观管理机构，各部委缺乏系统组织，国内金融机构在境外项目融资中缺乏有效整合管理，企业之间缺乏有效协调。企业参与方式单一、各自为政、单打独斗的情况非常普遍，企业之间无序竞争、恶性竞争现象时有发生，经常陷入"大水冲了龙王庙""自家人打自家人"的窘境。

凡此种种，不仅使单个企业自身利益受损，而且也降低了自身或联合争夺国际大项目的机会，更严重的是或将损害行业整体利益和国家战略利益。最典型的两个例子，是南北车在土耳其和阿根廷的两场竞标。中国南车和中国北车合并为中国中车前，两家国字号轨道交通装备制造企业出于各自考虑，并未合力"走出去"，而是在海外市场"掐架"。2011年土耳其机车项目招标，南北车互相压价，中国北车以几乎没有利润的价格投标，但最终订单被一家韩国公司抢走。

2012年阿根廷政府宣布城轨车辆招标，中国北车首轮以239万美元／辆的报价力压国外竞争对手，在几近中标的情况下，中国南车突然加入竞争，报出了比中国北车降幅近50％的跳水价，令阿根廷招标方非常震惊，进而要求竞标价格不得超过127万美元／辆。最终，中国南车以121万美元／辆的价格拿下竞标项目。事后随之出现"北车状告南车削价竞争"事件，并引起舆论热议。

实际上，南北"两车"的竞争不仅表现为惨烈的价格战，极端时甚至不惜在国际客户面前诋毁对方。这种恶性竞争不仅浪费了资源，缩小了利润空间，也极大地损害了中国企业的品牌形象。

在基建领域，中铁和中铁建两大企业及其下属企业在海外市场也都存在相互挤压窝里斗的现象。在巨大的海外市场利益诱惑面前，曾经抱团的它们明显开始"心不齐"，不时出现各执一词、彼此埋怨的情形。一方认为另一方用没法盈利的价格去抢单，伤人又害己；另一方则坚持自己是凭着市场原则参与竞争，并表示所报价格仍有利可图，可谓公说公有理，婆说婆有理。

以上这些情况都是中国高铁"走出去"缺乏统筹规划、步调不一的典型表现。实际上，以前中国在联合协作开拓国际市场方面原本有很好的做法，只可惜现在未能传承光大。过去铁道部在海外都有项目协调组，并有一种不成文的规定和默契，即中国同类公司分开参与项目组，基建和装备都是如此，比如中国南车参与了中美项目组，中国北车就不得在该组，必须转战中巴项目组。

当今世界，企业间分工合作与竞争合作的趋势十分明显，金融、制造、商贸相互支撑，集团化、抱团式参与国际竞争大行其道。理论和实践均已证明，企业乃至行业通过并购或战略联盟可以实现优势互补，进而实现借船出海，借梯登高。南车和北车的合并或许是很好的尝试。希望合并后的中车和其他中国高铁企业及金融机构能加快整合，加强协同，形成生态圈协作，肩负高铁作为排头兵带领中国高端装备制造战略性产业走向世界的神圣使命。

国务院国资委一直强调"好央企"应必备三大要素：自主知识产权、全球品牌及国际竞争力。中国高铁也要剑指全球市场，加快集团化出海步伐，提高出口产品定价，提升海外市场的整体利润率，全面增强在全球高铁市场的国际竞争力。与此同时，切实发挥中国政府驻外机构和行业协会的指导协调作用，提高企业海外项目的中标率和收益，避免同行业在海外的无序和恶性竞争。

国内国际化复合型人才短缺，沿线国家铁路技术管理等各类人才匮乏

目前，中国高铁"走出去"不仅急需工务、电务、机务等专业人才，还需财务、法务和商务人才；不仅急需熟练掌握 FIDIC、NEC 等国际通用合同条款并深谙专业知识、熟悉海外规范的勘察设计人才、项目管理人才和经营开发人才，更需有国际视野、适应海外工作条件、愿意并扎根海外的复合型人才，尤其需要精通国际贸易规则、当地宗教文化、国际法和地域法律法规，能与海外企业和政府有效沟通、谈判的高素质高端国际人才。

现在，国际化复合型人才的缺口非常大，其培养培训刻不容缓，必须尽快提上议事日程。此外，中国高铁的国际化发展趋势，对相关技术人才及管理人才的需求更大、要求更高，应未雨绸缪抓紧储备一批国际化复合型人才，征召一批具有国际工程管理经验的人员，以满足未来中国高铁大规模全方位走向海外的需求。当前为解燃眉之急，急需以非常之举强化项目外语、国际标准、项目管理以及 FIDIC、NEC 认证工程师培训，尽快提高海外人员的国际化素质。

"一带一路"沿线国家在铁路建设管理上大多基础薄弱，本土技术管理人才匮乏，难以支撑本国铁路事业发展。上世纪 70 年代，中国最大援外成套项目、中国援非"金字招牌"——坦赞铁路，在投入运营 40 年后，随着受过中国培训的老一代职工逐步退休，现今出现维保不力、管理混乱、事故频发、长期亏损等一系列问题，已经处在瘫痪边缘，这个惨痛教训值得我们深思。因此，中国高铁"走出去"应当同步推进铁路教育"走出去"，为目标国培养储备本土铁路技术管理人才，帮助目标国真正建好铁路、用好铁路、管好铁路。

据不完全统计，"一带一路"沿线国家正在与中国洽谈修建的铁路总里程超过 16000 公里，按照 20 人 / 公里铁路定员标准测算，

"一带一路"沿线国家将会产生超过 30 万人的人才培养培训需求。实际上，仅在埃塞俄比亚，近期就有 2000 多名当地员工正在接受铁路运营培训，包括乘务员、火车司机、技术人员等。从长远来看，"一带一路"沿线国家轨道交通人才培养培训需求更加庞大。

仍以埃塞俄比亚为例，该国规划了八大铁路线路构成的国家铁路网络。一期在建铁路为首都亚的斯亚贝巴至吉布提出海口的出海通道约 750 公里，已于 2016 年 10 月通车。二期建设计划在 2017 年开始，将新建阿瓦什—沃尔迪亚、沃尔迪亚—莫克来、莫约—阿瓦萨三段铁路，总长预计为 2000 公里。远期规划的还有沃尔迪亚—阿塞塔—塔朱拉、瑟伯塔—贝德乐等铁路，以及亚的斯亚贝巴轻轨二期等，总里程将超过 5000 公里。届时，埃塞俄比亚将形成非洲最大的铁路网，轨道交通人才需求达到 10 万人以上。

"一带一路"沿线国家轨道交通人才培养需求是多层次的，既有针对铁路建设维护及运营管理人员、铁路系统高级官员的非学历教育需求，也有为目标国铁路研究机构或高等教育机构培养高层次人才的学历教育需求。

中国高铁"走出去"必须优先推进铁路教育"走出去"。一是"引进来"，吸引目标国官员、留学生来华学习培训；二是"送出去"，帮助目标国建立铁道教育科研院所，支撑目标国铁路人才本地化培养。

需化解多重现实和潜在风险

近年来，中国高铁"走出去"的脚步正在加快，但与此同时面临的风险也在增加，且传统安全风险和非传统安全风险相互交织，彼此交叠复合，由过去的结构性风险演变成为一种系统性风险。主要风险包括地缘政治风险、社会风险、安全风险、技术风险，以及政策、法律和经营财务风险等几个方面。

第一，地缘政治风险。全球政治经济形势变幻莫测，围绕全球治理体系和全球利益格局的战略博弈越来越复杂，整体风险水平呈上升趋势，热点、焦点和难点增多，"黑天鹅"事件频现。特别是"一带一路"沿线国家大多处于敏感复杂的社会转型阶段，内部政争、政党斗争、政局动荡、政权更迭等问题比比皆是。高铁项目建设通常要跨越几届政府，这其中的变数会大大增加。

东南亚、中东欧是中国高铁"走出去"的重点地区，这些地区许多国家的政治形势十分复杂。诸如缅甸的政治转型和民地武问题、泰国和孟加拉国的政局动荡，都会对我国与周边国家的互联互通产生制约。若不能深刻洞察、全面分析东道国国内政治环境，把握其走向，将直接影响在这些地区开展"高铁外交"的效果与持续性，甚至连高铁项目自身的命运都难以掌控。

例如，中泰铁路合作项目就经历了一波三折。2013 年 10 月，中泰两国签署谅解备忘录，"高铁换大米"项目启动。之后，因为泰国政局变动，英拉政府下台，泰国宪法法院判决项目违宪，中泰高铁项目完全停滞。2015 年初泰国军政府又重新开始考虑中泰铁路合作，但合作项目由高铁变成普通铁路。2015 年双方开启谈判进程后经过九轮协商，曾前后四次传出"即将开工"消息，但实际上开工日期却一再推迟。2016 年 3 月 25 日泰方突然宣布，自筹资金投资中泰铁路项目，线路缩短三分之二以上，并且不建出境段线路。

又如，全长 210 公里、设计时速 300 公里、项目总金额约 44 亿美元的墨西哥高铁项目"墨西哥城—克雷塔罗"，因中标的联合招标体中的一家墨西哥企业被爆与墨西哥总统家庭存在利益关系，引起反对党和不少民众对于项目的质疑，墨西哥政府不得不宣布取消中标结果。

第二，社会风险。高铁在立项论证期、施工前、建设中、建成后的各个阶段，均会面临一系列社会风险。在立项论证期，东道国的宗教信仰、民俗禁忌、社情民意、舆论导向和文化冲突等，容易引起充满狭隘民族主义色彩的负面炒作，甚或引发反华排华情绪和社会动荡。当民族和宗教问题同政治、经济和社会问题相互交织时，情况尤其严重。

高铁的社会效益和生态环境效益也是论证阶段需要认真考量的重要因素。美国加州高铁的工期和规模之所以存在较大不确定性，主要就是遭到美国国内政治和环保人士的阻挠。高铁施工修建前，涉及占地、拆迁、补偿等公众切身利益，赢得当地公众的理解和支持至关重要。因为在国外土地多为私有，征地费用高昂，征地拆迁是矛盾和冲突易发多发的环节。中国与老挝达成共识的铁路建设计划，就曾因工程用地问题而遭到当地居民的反对，面临无法按计划建设的危险。

在高铁建设中，由于业主国家对使用本国劳动力的比例有严格要求，因此要注意充分雇佣当地员工，否则或将引发抗议、罢工等事件。高铁建成后在加速跨区域人口流动，促进各个民族、不同宗教的族群交往的同时，极有可能带来因流动性而产生的族群矛盾及教派冲突。

第三，安全风险。就世界范围来看，"一带一路"沿线地区长期是恐怖主义势力活动频繁、恐怖主义袭击事件多发的地带，在区域内从中东地区，到中亚地区、南亚地区，再到东南亚地区，形成了一条世界范围内臭名昭著的"恐怖主义弧形带"。随着高铁加速成网，更为便捷的交通可能会使贩毒、人口走私、偷渡等跨境问题将更加突出。出于经济或政治目的，跨国犯罪势力和极端势力都有可能成为通道安全的破坏者。当地区局势紧张或政府间关系交恶时，高铁很可能成为极端恐怖势力的攻击目标，从而使周边国家深受其害，以致人身安全都得不到保障。

中国西部边疆地区与中亚都深受国际恐怖主义、民族分裂主义以及宗教极端主义三股势力的威胁。三股势力肆虐所导致的风险不仅会威胁到国民生命财产安全，还会对一国或多国的经济结构、社会稳定、政府行政和民众信心造成打击，进而引发经济衰退、资本逃逸、银行挤兑和国民出逃避难等一系列风险。

第四，技术风险。"一带一路"沿线国家气候地质条件复杂多样，从热带到高寒，从干旱风沙到潮湿多雨，从沿海到大陆腹地，从高原到平原，从高山险谷到河流湖泊等，国情社情路情亦千差万别。中国高铁"走出去"必然面临复杂地质结构区域和强震带的工程建设、安全运营与防灾减灾，极端气候条件下基础设施与装备的适应性和可靠性，不同轨距和不同制式的基础设施与装备的互联互通，不同宗教和文化背景下铁路的运输组织等一系列重大难题，这些都对高铁技术提出了新挑战。

第五，政策、法律和经营财务风险。中国高铁"走出去"将面临目标国市场准入、企业资质、税收政策、主权担保产业政策、外汇管制、环保、专利、国有化、长期劳动合同、知识产权等政策法律方面的严苛要求和进入限制，还要面对价格、汇率、利率、税率剧烈波动的风险。

发达市场的反垄断调查、跨国并购、国家安全审查、外资审查等监管要求和规制，也是中国高铁企业必须迈的坎。在东道国建设和经营，还需直面招标条件苛刻、漫天要价、融资和运营分歧大、征拆和劳动用工等建设成本高、经济收益低于预期，以及低成本优势难以在海外普遍复制等诸多问题和风险。

第 5 章
中国高铁"走出去"战略

5.1　中国高铁"走出去"战略方位与路线

中国高铁"走出去"是形成全方位对外开放新格局的重要纽带，是培育和引领国际竞争新优势的重要依托，是实现中华民族伟大复兴的重要支撑。中国和"一带一路"沿线国家若能携手共同编织连接欧亚非大陆的高速铁路网，可再现昔日"丝绸之路"的繁华与辉煌。

战略方位：西向、东向、北向、南向

在过去 30 多年甚至更早的几十年里，海运都是中国参与世界经济贸易最重要的运输方式。然而，在美国主导的海权时代，马六甲海峡、苏伊士运河、巴拿马运河这三条最重要的全球航运线，却牢牢把控在美国手中。近年来中国深刻认识到，通过高铁将欧亚大陆串联起来形成的"陆权"地缘经济，不仅能大幅化解在"海权"地缘政治上面临的巨大压力，还将更加直接地对美国的海上霸权构成强有力回应。

中国正在筹划建设纵横穿越全球各个大洲的高铁建设网（图5.1）。展开世界地图我们将发现，中国高铁"走出去"战略的方向是全方位的：西向欧洲并行两线远及巴黎，东向绕过大洋直抵美国，北面横贯莫斯科、柏林、伦敦，南经泰国延伸到新加坡。尤其是欧亚高铁、中亚高铁和泛亚高铁这三条线路，其战略布局意义非常深远。若能建成，届时中国、欧盟、俄罗斯和印度几个超级经济体所处的欧亚大陆乃至整个非洲大陆，将会通过高铁形成一个巨大的区域市场共同体。

聚焦欧亚、中亚、泛亚三个战略方向，建设经俄罗斯进入欧洲的欧亚铁路，改变中国长期以来对外贸易对海运的依赖；建设经中亚到达德国的中亚铁路，拓展与欧洲和非洲内陆国家的经贸合作，形成物流黄金干线；建设从昆明出发，连接东南亚国家，一直抵达新加坡的泛亚高铁，打通向南出海口，形成向印度洋开放的新格局。

战略路线：六大走廊

在上述战略方向下，中国抓紧与"一带一路"沿线国家一道，

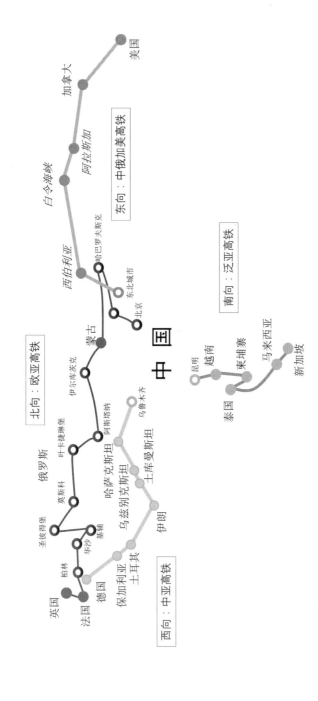

图 5.1 中国高铁"走出去"全方位：西向、东向、北向、南向

积极规划建设新亚欧大陆桥、中蒙俄、中国—中亚—西亚、中国—中南半岛、中巴、孟中印缅"六大经济走廊",搭建"丝绸之路经济带"的陆地骨架(图5.2)。

新亚欧大陆桥经济走廊。新亚欧大陆桥又名"第二亚欧大陆桥",从中国江苏连云港、山东日照到荷兰鹿特丹港,国内由陇海铁路和兰新铁路组成,途经江苏、安徽、河南、陕西、甘肃、青海、新疆七省(区),从中哈边界的阿拉山口出国境,出国境后可经三条线路抵达荷兰鹿特丹港。目前,"连新亚""连新欧"班列已正式开通,新亚欧大陆桥已成为中国直通欧洲的物流主通道。

中蒙俄经济走廊。分为两条路线:华北地区从京津冀到呼和浩特,再到蒙古和俄罗斯;东北地区从大连、沈阳、长春、哈尔滨到满洲里和俄罗斯的赤塔。中国"丝绸之路经济带"建设与俄罗斯跨欧亚大铁路改造、蒙古"草原之路"倡议紧密对接,加强铁路、公路互联互通,推进通关和运输便利化,促进过境运输合作。目前,中蒙俄经济走廊已开通"津满欧""苏满欧""粤满欧""沈满欧"等"中俄欧"铁路国际货物班列,并基本实现常态化运营。

中国—中亚—西亚经济走廊。从中国新疆出发,抵达波斯湾、

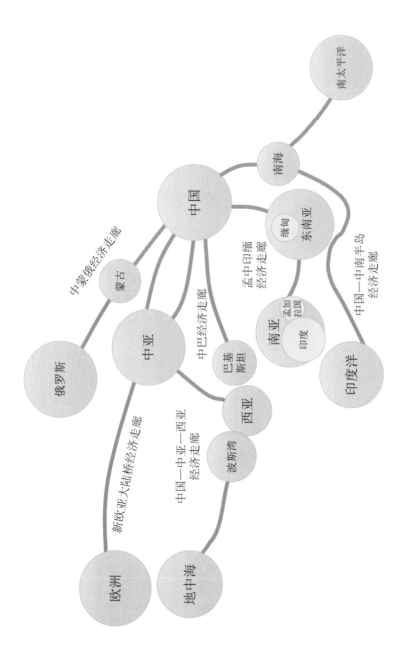

图 5.2 六大经济走廊

地中海沿岸和阿拉伯半岛，主要涉及中亚五国（哈萨克斯坦、吉尔吉斯斯坦、塔吉克斯坦、乌兹别克斯坦、土库曼斯坦）、伊朗、土耳其等国。中国"丝绸之路经济带"建设与哈萨克斯坦"光明之路"、塔吉克斯坦"能源交通粮食"三大兴国战略、土库曼斯坦"强盛幸福时代"等国家发展战略紧密衔接，深化区域国际产能合作。

中国—中南半岛经济走廊。中国与中南半岛五国（缅甸、老挝、越南、泰国、柬埔寨）依托大湄公河次区域经济合作机制，共同规划建设泛亚铁路东线、中线、西线的全方位交通运输网络，消除交通基础设施发展滞后瓶颈，促进区域经济一体化进程。目前，大湄公河流域国家正在建设贯通东西、连接南北的9条跨境公路，其中部分已经完工。从中国昆明出发连通新加坡的南北道路已经畅通，贯通缅甸、泰国、越南的东西道路正在建设当中。

中巴经济走廊。起点在中国新疆喀什，终点在巴基斯坦瓜达尔港，全长3000公里，贯通南北丝路关键枢纽，北接"丝路经济带"，南连"21世纪海上丝绸之路"，是一条包括公路、铁路、油气和光缆通道在内的贸易走廊。中巴经济走廊是中国推进"一带一路"建设和巴基斯坦提振国内经济发展战略对接的重要体现，是"一带一路"的旗舰项目和样板工程，是中国同周边国家构建命运共同体的典范。两国同意，以中巴经济走廊为引领，以瓜达尔港、能源、交通基础设施、产业园区和产能合作为重点，以亚洲基础设施投资银行、丝路基金等为支撑，打造"1+4"的合作布局。

孟中印缅经济走廊。覆盖中国西南、印度东部、缅甸、孟加拉国地区，是连接太平洋和印度洋的陆上通道。区域内铁路、公路、通信等基础设施互联互通，将加快区域内产业合作和贸易递增，带动东亚、东南亚和南亚三大经济板块联动发展。

在规划上述六大经济走廊的基础上，中国交通运输部还规划了中—老—泰、中—蒙、中—俄、中—巴、中—吉—乌、中—哈、中—塔—阿—伊、中—印、中—越等九大"一带一路"交通重点项目（通道）。这九大通道和六大走廊，基本构建起了对内连接运输大通道、对外辐射全球的丝路走廊（图5.3）。

当前，中国高铁"走出去"紧跟"一带一路"建设步伐，结合六大经济走廊和九大通道建设，加快推进贯通亚洲各次区域以及亚欧非之间的铁路网络建设，发挥铁路在促进区域资源流动、贸易往来、人文交流，推动区域经济一体化进程中的基础性作用。

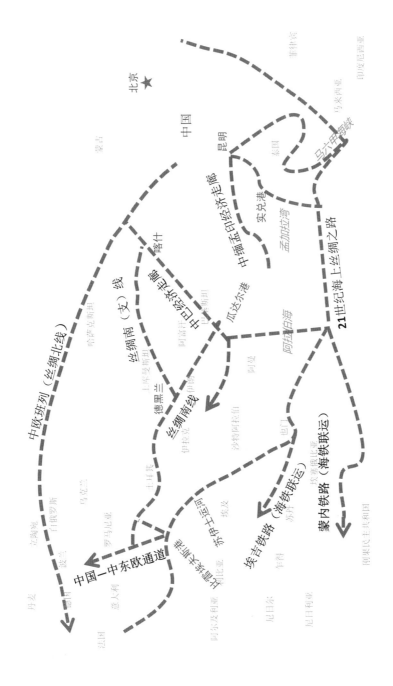

图 5.3　"一带一路"全景示意图

5.2 中国高铁"走出去"战略原则、布局与路径

战略原则

中国高铁"走出去"需要审时度势，战略牵引，应坚持以下四项基本原则。

第一，政府主导、统筹协同。

高铁不是一般商品（产品），而是具有公共性、社会性、基础性和支撑性的战略产品。高铁是国之重器，关乎国家战略命脉、国土安全、经济发展和社会稳定，尤其具有强烈的地缘政治色彩，这就注定了高铁决策是国家行为和政府意志。同时，高铁项目不是一般项目而是超级项目，具有投资大、工期长、回报低、涉及范围广、难以单纯依靠市场等特性，需要政府主导和推动，统筹协调多因素多变量，做好顶层设计，加强在国际层面、国家层面、社会层面与市场层面多维度的合作协同。

中国高铁"走出去"，需要政府对外主导，对内引导。在对外与目标国沟通接洽磋商中，政府要把高铁"走出去"与实施"一带一路"倡议和国家外交战略紧密衔接，综合考量地缘政治、外交、国防、区域经济等诸多因素，坚持互利互惠、求同存异，注重兼顾目标国（东道国）各方利益和关切点，寻求利益契合点和

合作最大公约数，从战略的高度决策"走向何国""何时走出"和
"如何走进（目标国）"等重大问题。

对内方面，政府需发挥指导、引导和推动作用。政府应着力
于把握方向、搭建平台、统筹协调，建立完善的分工协作机制，
在国家与社会、政府与企业之间做出明确分工。当然，国家和政
府的引导作用不应演化成行政干预。

第二，企业主体、市场运作。

充分发挥市场在资源配置中的决定性作用，充分调动社会各
界和铁路企业的主观能动性和运营自主性，充分彰显各类企业的
主体地位。社会和企业在交往、投资和经营活动中应切实遵循市
场机制。尽管在高铁"走出去"项目前期主要依靠政府发挥主导
作用，但一旦项目立项企业就应靠前担当，淡化政治和政府因素，
严格按照市场规律、商业原则和国际通行规则运作。

同时，在工程设计、施工建设、装备制造、运营维护、合作
方式、风险防控、投融资模式等方面开拓创新，在工程质量、安
全保障、工期控制、投资效益、环境保护、技术创新、本土发展、
全产业链发展等多方面主动作为，行其权、尽其责、展其长、担
其险、获其利。

第三，咨询先行、精准施策。

咨询先行就是深入了解东道国需求，对接东道国战略和规划，在对东道国资源、地缘、产业、政策、法律等进行深入研究的基础上，论证项目可行性，深化技术方案比选，落实融资方式，为东道国度身定做项目方案，从技术、装备、设计、制造、运营、融资提供全方位支持，力求做到一国一策（甚至一项目一策），精准施策。

通过高端设计咨询的先导和引领，更好地切入市场，寻找和储备目标项目，也为项目的总承包或在项目中的话语权奠定坚实基础，从而以先行的设计咨询服务带动勘察、监理、项目管理、建筑施工、装备制造、运营维护等全产业链、全供应链、全价值链系统发展，进而实现中国高铁的设计、建设、装备、运维、技术、标准、品牌等整体"走出去"。

第四，多方共建、行业联合。

高铁是超级项目，产业链长，需要行业联合、多方共建。联合共建有多种方式，处于铁路产业不同价值链位置上的企业间，以及铁路和金融、保险不同产业的企业间，通过股权参与或其他协议，构建铁路产业的纵向联盟、横向联盟、跨产业合资、相互持股、兼并收购、技术开发联盟、委托方与承接方（OEM）协议、合作生产联盟、服务联盟、特许经营、外包或多层次合作协作联盟，实现资源共享、风险共担、成本分摊、优势互补、市场拓展及产业协同和施工运营一体化。

"多方"既包括中方，也包括外方。中方企业或机构之间通过共建联合，开展深度战略合作，不仅能形成强大合力，还能避免同业恶性竞争。中方和外方优质企业适时联手开拓当地及第三方市场，可以充分利用各种资源，与相关企业进行战略合作，在跨越技术壁垒、促成政府谈判、解决市场纠纷、缩短开拓境外市场进程等方面发挥积极作用，形成风险共担、互利共赢的良好局面，进而形成国际市场产业联盟，实现资源全球配置。

战略布局：空间布局

其一，东南亚、南亚和北亚。

中国处于亚太经济的天然中心地带，位居世界最大大陆和最大海洋的边缘，地处太平洋西岸和亚洲东部，拥有绵长的中纬度海岸线，在陆上与 14 个国家接壤。目前，中国面临的地缘政治态势趋于稳定，周边区域贸易关系日益增强，政治经济合作日益紧密。

东南亚、南亚和北亚是与中国互联互通的高铁"走出去"重点区域。2014 年 11 月，国家主席习近平在加强互联互通伙伴关系对话会上再次倡导与周边国家共建互联互通，以交通基础设施为

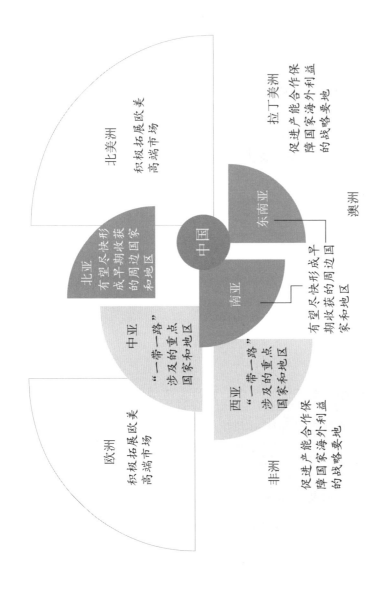

图 5.4 中国高铁"走出去"战略布局:空间布局

突破，在"一带一路"中优先部署交通基础设施项目，实现亚洲互联互通的早期收获。当前，从新疆喀什出发，过伊斯兰堡，直达卡拉奇和瓜达尔港的中巴铁路已在建设中。

应加紧规划从昆明出发，依次经由柬埔寨、泰国、马来西亚抵达新加坡的"泛亚高铁"。着手规划连接巴基斯坦、印度、孟加拉国、缅甸、泰国，然后分别进入中国云南，以及连接越南、泰国、缅甸经马来西亚进入新加坡的"南线"。至今尚未建成的路段包括印度与缅甸之间、缅甸与泰国之间和泰国至中国云南之间。

预计到 2020 年，包括高铁在内的中国铁路"走出去"在东南亚、南亚和北亚的重点项目共计 11 个，总长度 7377 公里，投资额 989 亿美元。近期要加快实施中老铁路、印尼雅万高铁建设，抓紧推动中泰铁路、马新高铁、俄罗斯莫斯科—喀山高铁、马来西亚东部铁路等项目，早日形成泛亚铁路网。

其二，中亚、西亚。

中亚、西亚是中国铁路"走出去"落实"一带一路"倡议的重点区域。中国政府早就意识到开发中亚资源和推动中亚地区发展经济的重要性，并在许多年前就开始谋划修建经由中亚和西亚横跨亚欧大陆高速铁路的构想。无论是从商业还是从战略上考虑，这样的高速铁路对中国都具有难以抗拒的吸引力。届时对华出口的中东原油、对欧出口的"中国制造",不必绕海航行,经陆路便可抵达目的地,这将为中国从中亚和中东地区进口原油和矿产提供极大方便,而中国出口商品也能更快更便捷地抵达中东和欧洲市场。

因此,应大力建设缺失路段并改造已有线路,为建设"丝绸之路经济带"和亚欧大陆桥提供良好的基础。"一带一路"倡议计划打造一条从阿拉山口—霍尔果斯出境,途经中亚、西亚、俄罗斯,最终抵达欧洲并与欧洲铁路系统会合的大通道。规划中的"中亚高铁",从新疆喀什出发,经由哈萨克斯坦、乌兹别克斯坦、土库曼斯坦、伊朗、土耳其等国,经保加利亚进入欧洲,最终抵达德国,这一高速铁路网预计覆盖 17 个国家。

着手规划连接北欧与波斯湾的"南北走廊"。南北走廊主线始于芬兰的赫尔辛基,穿越俄罗斯国土至里海,然后分成三条支线:西线经阿塞拜疆、亚美尼亚入伊朗西部;中线以火车轮渡经里海进入伊朗;东线经哈萨克斯坦、乌兹别克斯坦和土库曼斯坦入伊朗东部。三线在伊朗首都德黑兰会合,最后抵达阿巴斯港。

预计到 2020 年,中国铁路"走出去"在中亚和西亚的重点项目共计 3 个,总长度 1840 公里,投资额 139 亿美元。到 2020 年完成伊朗德黑兰—马什哈德电气化改造,积极推进德黑兰—伊斯法罕高铁建设并落实中吉乌铁路的前期工作。

其三，非洲、拉丁美洲。

非洲和拉美地区是中国推进铁路国际产能合作、拓展国际空间、保障海外利益的战略要地。之所以得出如此判断，原因有三：一是与中国外贸关联度高；二是拥有中国缺少的战略资源；三是政治外交关系密切，有传统友谊，有利于中国拓展国际经贸空间。

中非铁路建设可规划两条线路：从阿联酋（迪拜）、沙特阿拉伯、也门，抵达埃塞尔比亚进入非洲；或从科威特、伊拉克、叙利亚（大马士革）、约旦经埃及苏伊士运河进入非洲。预计到2020年，中国铁路"走出去"在非洲和拉美的重点项目共计13个。其中，非洲项目10个，拉美项目3个，总长度约14421公里，投资额约935.5亿美元。

近期应参与非洲"四纵六横"铁路网建设运营，制定实施《中非铁路合作行动计划（2016—2020）》。加快肯尼亚蒙巴萨—内罗毕铁路建设和阿根廷贝尔格莱诺货运铁路改造，建成亚吉铁路，推动肯尼亚—纳瓦沙—马拉巴铁路、埃及高铁项目建设，积极推进坦赞铁路改造工程、摩洛哥高铁、尼日利亚沿海铁路等项目。完成巴西—秘鲁两洋铁路、阿根廷—智利两洋隧道项目可行性基础研究。

巴西—秘鲁两洋铁路将成为最受拉美国家期待的跨国基建项目，两洋铁路横跨南美洲大陆，穿越巴西从秘鲁的港口连接太平洋和大西洋。在巴西境内，将东起大西洋海岸的巴西东南重镇——里约热内卢州，向西北方向延伸，跨过富含铁矿的米纳斯吉拉斯州、戈亚斯州，然后穿过盛产大豆和牛肉的农业核心地带——马托格罗索州、朗多尼亚州的波多韦柳口岸和亚马逊州，最后从巴西边境阿克里州进入秘鲁境内，并在秘鲁港口卡亚俄港、莫延多港或者阿里卡港入海。

规划中的两洋铁路总长约5000公里，其中约2000公里将利用现有铁路系统，另外将新修建3000公里线路。该项目预算可能高达600亿美元。中、巴、秘三国将进行国际招标，并争取与世界银行、金砖国家开发银行等机构合作筹集修建两洋铁路的资金。两洋铁路可以打破目前美国控制下的巴拿马运河对国际物流的垄断地位。而且，铁路网基建对拉美国家自身的经济发展有重要意义，中国也可以输出铁道设备与技术，提振本国的出口贸易。中、巴、秘三国联手建两洋铁路将是互惠共赢之举。

其四，欧洲、北美洲、澳洲。

欧洲是高速铁路的发源地之一，其中德国、法国、意大利、西班牙、英国、比利时、荷兰等国已经拥有运营的高速铁路线。

截至 2011 年底，6830 公里专用的高速铁路线路（速度超过 250 公里 / 小时）在欧盟得到了较好的发展，该高铁网络连接了西北欧五国之间的主要城市巴黎、布鲁塞尔、科隆、阿姆斯特丹和伦敦，形成了完整的国际网络。

在欧洲国际层面，高铁建设已经在人们的观念中根深蒂固，高速铁路被认为是实现欧洲共同运输政策的核心内容[①]，且已成为一些国家的发展动力，这些地方的高铁网络骨架已经建设完成。经济危机使得一些大型项目将受到更加严格的审查，以确认这些项目能带来预期的收益。欧洲高铁建设的主要障碍是资金问题，即使考虑到高铁建设能获得的广泛经济和社会影响，其投资回报率也并不具有吸引力。[②]欧盟对欧洲交通网络建设的资助在很大程度上局限于研究而并非建设。

欧洲与中国的高铁标准存在差异，市场进入难度较大。美国是世界铁路网规模最大的国家，但近年来高速铁路发展相对滞后。目前美、英等国都在积极推进高铁布局，中国高铁要走进欧美应

[①] European Commission (Directorate General for Mobility and Transport), "High-speed Europe：A Sustainable Link Between Citizens", Luxembourg：Publications Office of the European Union, 2010.

[②] Roger Vickerman、王姣娥、焦敬娟、金凤君：《欧洲高速铁路的发展历史与经济效应》，《世界地理研究》2013 年 9 月第 22 卷第 3 期，第 41—45 页。

积极开展高端产品研发，加强产品定制化、个性化和适应性，注重节能环保，以满足欧美高端市场需求。同时，加紧规划"欧亚高铁"，该线路从伦敦出发，经巴黎、柏林、华沙、基辅，过莫斯科进入中国境内乌鲁木齐，最终抵达北京。超前研究中俄加美高铁，即从东北出发一路向北，经西伯利亚抵达白令海峡，以跨洋隧道穿过太平洋到达阿拉斯加，再从阿拉斯加往加拿大，最终至美国（图 5.1）。

预计到 2020 年，中国铁路"走出去"在欧美的重点项目共计 6 个，总长度约 1207 公里，投资额约 973.4 亿美元。近期应加快匈塞铁路建设，该铁路是中欧铁路的旗舰项目。推动波罗的海联合铁路、英国高铁、瑞典高铁项目合作，同时研究美国加利福尼亚高铁、加拿大安大略省高铁建设。

近年来，澳大利亚政府充分认识到修建高铁的可行性和必要性，拟在东海岸修建高铁并建立连接布里斯班、悉尼和墨尔本的铁路网络。拟建高铁时速在 250 公里以上，这样从悉尼到墨尔本只需两小时四十分钟，与飞机等同甚至更快。研究显示，从悉尼到墨尔本的高铁第一区段，每投入 1 美元就会为澳洲产生 2.15 美元的收益。若能积极把握澳大利亚修建高铁机会并赢得修建权，将是中国高铁"走出去"蓝图上浓墨重彩的一笔。

战略布局：时间梯次

可在前述空间布局基础上分三个时间梯次进行规划（图5.5）。

第一时间梯次：快速打通南向通道，连接非洲大陆。优先选择泛亚铁路、中巴铁路和非洲铁路。泛亚铁路方面，中国紧邻东南亚各国，中国与东盟经济合作、建设"海上丝绸之路"、中国南海安全问题等凸显了跨境高铁的重要性和紧迫性；与中国接壤的南亚诸国，产业互补性强，无技术标准障碍，相关国家政府已达成合作谅解。泛亚铁路国内段已经开工，南向通道，呼之欲出。

中巴铁路方面，中国进口石油的80%须经过马六甲海峡，路途遥远，受制于人且情势紧迫。中巴铁路全长超过2000公里，一旦建成，中国能源保障、地缘政治和西部安全形势将根本改观。中巴铁路是巴基斯坦的国家长远战略规划项目，中国政府也已向巴基斯坦提供资金用于该国升级改造铁路系统，中巴铁路地质勘察设计已有基础，进入规划和实施的条件相对成熟。

非洲铁路方面，中国与非洲虽然距离遥远，但是在国际事务、经济援助和铁路建设方面均有传统和现实基础；非洲现代化铁路建设需求空间巨大，与中国铁路产业互补性强，在中非战略合作框架内实施中非铁路合作，前景远大。李克强总理出访非洲，铁路建设再次引领中非全面深化合作进程，中国政府与肯尼亚政府

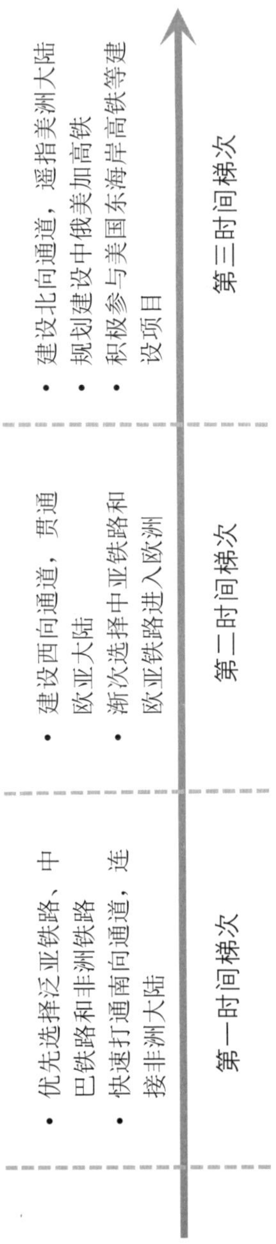

- 优先选择泛亚铁路、中巴铁路和非洲铁路
- 快速打通南向通道，连接非洲大陆

第一时间梯次

- 建设西向通道，贯通欧亚大陆
- 渐次选择中亚铁路和欧亚铁路进入欧洲

第二时间梯次

- 建设北向通道，遥指美洲大陆
- 规划建设中俄美加高铁
- 积极参与美国东海岸高铁等建设项目

第三时间梯次

图 5.5 中国高铁"走出去"战略布局：时间梯次

有关蒙内铁路项目合作协议正式签署，标志着中国高铁"走出去"的新的战略契机已经出现，应抢抓机遇、快速推进。

第二时间梯次：建设西向通道，贯通欧亚大陆。渐次选择中亚铁路和欧亚铁路进入欧洲。西向战略是国家战略的重要组成部分，欧亚大陆经济整合发展，打通欧洲的铁路通道，对于维系国防安全、民族团结、建设"新丝绸之路"、实施西部大开发战略具有重要意义。随着美俄国际关系的微妙变化，在上海合作组织框架内推进铁路合作已具可能性。同时，中欧班列的开通使合作气氛更加良好。但同样值得高度关注的是，中亚、西亚地区历来为"兵家"必争之地，大国在中亚地区角逐激烈且区域内冲突不断，经中亚进入欧洲将面临极大挑战。

第三时间梯次：建设北向通道，遥指美洲大陆。规划建设中俄加美高铁，积极参与美国东海岸高铁建设等。中俄加美高铁建成后将链接亚洲与北美洲大陆，从中国出发两天即可抵达美国。

此外，空降美国本土，进军北美高铁市场，竞争参与美国东海岸高铁建设项目。该项目刚刚起步，美国政府在未来30年内将投资1170亿美元，市场潜力巨大，中国中车（前南车）集团等国内企业前期已有接洽。然而，铁路穿越西伯利亚和太平洋，线长点多，地形复杂，工程艰巨，且跨越多国、标准不一，存在相当的建设挑战，需未雨绸缪、超前布局。中国中车（前北车）已在美国本土组建轨道交通车辆相关公司，并挂牌成立了"中国北车—密歇根大学焊接结构研发中心"。

战略路径

路径一："产品＋整车"出口。

以东南亚、南亚等传统市场作为突破口，辐射至中亚、中东和非洲、南美洲，再拓展到北美洲、欧洲等高端市场，充分发挥中国高铁装备自身具有的比较优势和经验曲线效应能力，实现从输出单一产品到高端机车整车出口。就出口产品类型而言，包括电力机车、内燃机车、电动车组、内燃动车组、地铁、轻轨、客车、货车、工程维护车等主机产品。

路径二："制造＋服务"出口。

从货物贸易到货物贸易与服务贸易相结合，从单一的卖产品，延伸到"产品＋服务"，也就是从轨道交通装备的出口到铁路系统的出口。注重为客户创造价值，主动走进用户价值链，根据用户个性化需求提供"私人定制"，提供高端高附加值的轨道交通装备系统解决方案和全周期一站式服务，将越来越成为中国高铁"走出去"的核心竞争力。同时，也为持续获取国际订单奠定坚实基础。

以动车出口为例，随动车同时"走出去"的，还有维修保养服务。动车投入运营后，不仅需要日检、周检、月检，还有大修。作为产品制造方，对产品最了解，做维护保养服务有优势。可尝试建立4S店，让客户享受维修保养、技术咨询、员工培训、劳务输出、配件支持等一系列配套服务。

路径三：标准出口。

从基于质量及定制式高性价比产品和服务优势的"制造＋服务"出口，到基于技术优势的标准出口；从承建一个站场、一段铁路，最终到达整合输出，即在技术、资金、标准、人才等方面全方位"走出去"，全面参与海外高铁建设、融资和运营管理。

路径四：建立国际化海外基地。

从建设国内基地到合作建设海外基地，强化国内高铁产学研基地建设，支撑海外产业合作发展，建立国际化海外基地，实现由最初的单一输出产品向输出产品＋服务＋技术＋基地建设乃至项目总部转型升级。通过海外基地寻求新的增长，获取合作伙伴的知识，分担开发成本，分散单一市场系统性风险，回避单一市场的周期性变化，力争成为推动当地轨道交通产业群发展的首选合作伙伴。进一步地，以高铁出口带动包括普铁、城际、城轨、地铁、空铁及重载轨道交通装备，乃至国家通信、航空、电力等大型装备业的国际化，最终实现中国高端装备享誉世界的战略构想。

路径五：主业＋并购＋战略联盟。

在将产品、技术、服务、基地建设等销往世界各地时，寻找跟主业相关的优质标的进行海外并购、整合，应成为中国高铁"走出去"的"一体两翼"。通过并购和战略联盟，易于获得信息、知识、技巧和经验，降低市场交易中的各类费用，使要素双向或多向流动，实现优势互补、资源共享、风险共担及组织化优势。德国西门子、加拿大庞巴迪、美国阿尔斯通和通用电气，这些具有世界影响力的全球跨国公司的成长发展史，就是一部部并购史和联盟史。

并购标的和联盟伙伴应在研发制造能力（如 IGBT 的设计与制造能力）、生产销售、人员配备等方面都具有较强的市场竞争力，能产生协同效应。跨国并购和战略联盟是中国高铁企业国际化战略的重要组成部分，通过收购优质标的选择优秀联盟成员，不断在全球范围内合理配置资产以推动产业升级，提升海外市场竞争力。

"走出去""走进去""走上去"和"走过去"

中国高铁装备"走出去"，应根据目标市场的进入壁垒、自身竞争力和比较优势，综合采用"走出去""走进去""走上去"和"走过去"等不同策略。

其一，欧美市场："走出去"。

对于竞争实力一般，但壁垒较高的地区，如欧美，以"走出去"方式为主。即采取贸易、许可经营、外包、买方信贷、合资合作、资本运作、兼并重组、战略联盟等多种灵活方式，获得技术、品牌、销售渠道或者资质条件，有效规避贸易、技术等壁垒，以点带面逐步深入，用产品走向市场，争取用"硬实力"（hard power）突破欧洲和北美市场。

注意跟踪重点高铁项目，如美国加州高铁、英国HS2高铁、土耳其高铁等项目。据悉，英国HS2规划分为两个阶段：第一阶段建设从伦敦到伯明翰190公里的高铁，第二阶段包括到曼彻斯特和利兹的两个分支，总长度达到568公里。

其二，澳洲市场："走进去"。

对于竞争实力较强，壁垒适中的地区，如澳洲，以"走进去"方式为主。即通过建设研发生产基地、合资合作等方式，逐步拓展市场，以金融、合资、合并等方式走进去。充分发挥整体优势，强化统一品牌，统筹出口贸易、维保服务和境外投资共同发展，尽快形成完善的境外销售和服务网络，用"软实力"（soft power）

巩固澳洲市场。

重点关注西澳 MRL 信号系统项目、Sperry 探伤车项目等。

其三，东南亚市场："走上去"。

对于竞争实力强，壁垒较低的地区，如东南亚，以"走上去"方式为主。即成为本地化企业，完全融入当地的文化、社会、经济环境，以国际大企业、高端品牌的方式，充分发挥价值链分解与整合的战略优势，核心知识和能力铸就的经营优势，新型内部化优势，整合供应链的系统优势，以及规模经济、范围经济和速度经济形成的效益优势。

积极开展海外业务本地化经营，建立经济、安全、稳定的境外产品制造、供应基地。用"巧实力"（smart power）深耕东南亚市场，培育系统总包能力，向技术研发、制造、服务等一体化方向发展，逐步成为轨道交通全面解决方案供应商。

重点跟踪马新高铁、印度尼西亚高铁、泰国廊开快速铁路、中老高铁等项目。

其四，潜力市场（非洲、南亚、拉美、俄罗斯及独联体）："走过去"。

对于竞争实力强，政治（局）壁垒较高的地区，如非洲、南亚、拉美、俄罗斯及独联体等，以"走过去"方式为主。非洲、南亚、拉美、俄罗斯及独联体等是中国高铁装备出口的潜力市场，应紧密跟踪研究当地政治、政局动态，熟悉其政策法规、税收等相关情况。对于条件成熟的项目，配合国家的地缘政治和外交战略，加强资源投入，通过兼并重组、战略合作、外包等方式，满足客户的不同需求，用"锐实力"（discriminate power）突破各种壁垒，培育这些极具深度和广度的潜力市场。

重点关注印度 KOCHI 屏蔽门和 ICF 152 套电气系统等投标项目、印度加尔各答地铁 ICF40 套牵引系统、俄罗斯捣固车、南非 TFR 公司无线信号系统 LCMS 等项目。

除上述四类市场外，对于竞争实力强、安全壁垒较高的地区（如中亚、西亚），宜长期跟踪，做好储备，审慎进入。

5.3 中国高铁"走出去"战略要点

中国高铁"走出去"是一项层次高、涉及面广、关键要素多的大系统工程，战略意义深远，必须加强统筹谋划，把握战略要点才能有序推进。以下七点至关重要。

建立健全权威高效的协调机制和管理服务平台

中国高铁"走出去",不仅是某个行业的发展战略,而且是国家战略和国家意志,高铁"走出去"也不是一蹴而就,必须建立健全权威高效的协调机制和管理服务平台,以加强顶层设计、系统布局和统筹协调,避免政出多门和资源分散,解决国家层面缺乏宏观管理机构,各部委缺乏系统组织和专属职能,国内金融机构在境外项目融资中缺乏有效整合管理,企业之间缺乏有效协调等诸多问题。

国际层面上,积极构建多层次国家政府间政策交流机制。相关国家政府间在多个层次上共同制定推进区域合作的规划和措施,加强政府间交流协调以及与相关国际和地区组织的合作,完善与有关国家在投资保护、金融、税收、海关、人员往来等方面的合作机制,及时协商解决合作中出现的问题,共同为务实合作及大型项目实施提供政策支持,为企业"走出去"提供全方位支持和综合保障,营造良好的政策环境。

为推动中国高铁"走出去",中国已与多个国家建立了政府间对话合作机制,包括中欧铁路工作组、中美战略与经济对话框架下的铁路工作组、中俄总理定期会晤委员会运输合作分委会铁路工作组、大湄公河区域铁路联盟、中亚区域经济合作机制下的铁路工作组等。要进一步完善这些机构的工作机制,将重点项目纳入双边或多边协定中,并争取相关国家政府在市场准入、劳工制度、环境保护、工程承包、知识产权等方面给予更多支持。加快与投资国商签和落实避免双重征税协定,减轻投资企业负担,明确与资产安全、优惠政策相关的重大事项,改善企业在对方国家的投资环境。积极利用现有双边多边合作机制,有效沟通,增进共识,推动高铁领域产能合作,促进区域合作健康发展。

国家层面上,建议组建指导落实高铁"走出去"工作专职机构,负责对中国高铁国际化的顶层设计、高铁"走出去"整体部署和中长期发展规划,搭建政府和企业对外合作平台,统筹协调多方资源。同时,完善政府管理协调机制和部际会商机制,明确各政府机构如外交部、国防部、国家发改委、教育部、科技部、交通运输部、商务部、文化部等多个部委,以及铁路总公司、国家开发银行等金融机构在"走出去"事务中的具体职责和分工。充分发挥传统媒体和新媒体的正面引导作用,强化公共宣传,维护中国铁路海外形象。同时,在铁路项目较多国家的驻外使馆增设铁路参赞或专员。

企业层面上,在中国现行的铁路体制下,由中国铁路总公司

（以下简称"铁总"）牵头建立企业间协调机制，形成参与各方共同商讨、利益共享、风险共担的格局。从中国铁路和中国高铁的发展历史和当下现实看，铁总堪当此任。因为铁总牵头高铁企业，可以更好地服务国家整体利益，实现国家利益和企业利益的兼顾统一；可以更好地发挥全产业链的集成优势，更好地提供系统性的整体解决方案；可以更好地彰显组织管理优势，更好地凝聚工作整体合力；还可以重点推动规划、设计和咨询单位"走出去"，实现对外业务向高端领域发展。由于铁总具有的行业组织资源优势、国内市场优势和综合技术优势，同时基于与其他高铁企业的历史渊源，铁总能大力度进行高铁企业联合体的内部整合，提高工作效率，降低谈判成本，这在激烈的国际竞争中也是中方的一个独特优势。

由铁总牵头建立并逐步完善铁路行业"走出去"的公共服务平台。可借鉴商务部"走出去"公共服务平台模式，全面整合政府、商会协会、企业、金融机构、中介服务机构等信息资源。依托平台做好境外重点项目的研究与跟踪，为"走出去"企业提供基于信息服务再加工的政策、法律、市场、准入、技术等多领域的咨询服务。

构建面向国际前沿的高铁产业体系和技术持续创新体系

全球正掀起新一轮创新浪潮，国家之间的竞争已经从资源领域的竞争，转变为产业体系和技术持续创新体系的竞争。国家"十二五"规划和《国务院关于加快培育和发展战略性新兴产业的决定》早已明确提出，要大力发展轨道交通产业，进一步加大自主创新力度。

中国高铁要"走出去"，就要深化研究高铁产业链上包括环境评估和风险效益评估在内的规划咨询、投资融资、设计施工、研发制造、运营维护、教育培训、系统集成与项目管理等产业环节，明确它们之间的相互关系，做好管理集成、技术集成和产业链集成，构建面向国际前沿的高铁产业体系，打造面向国际市场的高铁产业链和创新链，构筑产业国际化竞争新优势。

在国家创新驱动战略指引下，通过制定高铁重大装备发展战略规划和引导产业技术持续创新战略发展的政策和措施，加大研发投入力度，提高技术创新水平，提高创新成果转化效率，增强持续发展动力和盈利能力，创造长期竞争优势。同时，推进技术标准与科技研发的创新融合，落实知识产权保护，提升中国技术标准的国际化水平和契合东道国国情的技术适应能力。

通过对全球范围内高铁领域前沿技术的综合对比及对国际高

铁标杆企业的深入剖析，不断深化关键技术装备的自主创新能力，深刻洞察诸如系统集成、车体设计、转向架、牵引制动、列车网络控制、关键材料、空气动力学及运营维护等技术发展方向，培育引领高铁未来产业发展的核心技术、前沿尖端技术和颠覆性技术，加快构建以自主技术为基础的中国高铁技术标准体系。

推动中国高铁标准国际化，打造中国高铁品牌

中国高铁"走出去"的过程，也是中国标准和中国品牌的输出过程。在国内高铁建设过程中，中国已经基本形成较为完整的高速铁路设计、建设、装备和安全标准体系以及铁路装备品牌。要进一步加强铁路行业技术标准体系建设，做好有利于中国标准国际化的基础性工作。同时，大力实施标准国际化战略、品牌战略和知识产权战略，将这些战略上升到中国高铁整体发展战略的高度。

对比分析与国际先进标准的差异性和等效性，助推中国标准走向国际。合理界定国家铁路局、铁路总公司、相关制造企业在技术标准制定方面的职责，围绕中国铁路运输和建设的需求、高铁企业参与国际竞争的需求，按照国际标准体系惯例，结合全球实际状况，细化中国自身标准规范，加快重要标准修订。编制中国高铁标准规范的国际版，推进不同谱系标准的国际化，推动中国高铁技术标准与国际接轨，以技术创新和标准国际化构建企业新的竞争优势。

国际铁路联盟（UIC）和铁路合作组织（RCO）是世界两大铁路国际组织，都负责制定铁路标准。在RCO范围内，高速铁路规划和标准制订工作尚处于起始阶段，中国应当积极参与这项工作并争取发挥主导作用。同时，注重建立健全区域性国际高铁联盟，参与建立区域性铁路标准，从策略上使中国标准率先在RCO范围内成为国际标准。作为UIC和RCO的成员，中国要加强和这两大组织以及国际标准组织（ISO/TC269）、国际电工委员会（IEC/TC9）、欧洲标准化组织（CEN/CENELEC）等机构的沟通与交流，积极参与国际标准化活动，增加中国铁路在国际标准制定中的话语权。

积极适应国外铁路技术标准要求，不断提升中国高铁技术标准的兼容性与可扩展性。众所周知，中国早期高铁装备技术主要来自加拿大庞巴迪、日本川崎重工、德国西门子和法国阿尔斯通。由于这样的背景，中国高铁在工程建设、动车组、列控、牵引供电等主要领域，与世界先进技术具有良好的兼容性，这为中国标准国际化奠定了极好的基础。

大力推介中国高铁标准体系，通过公关突破海外标准壁垒。依托国际项目推动使用中国高铁技术标准，在参与境外高铁建设的过程中，使各国尽可能采用中国技术标准。同时，利用各种国际交流洽谈机会宣传中国标准。比如，在为他国培训专业技术人员的过程中，使他们全面了解并推崇中国标准。

牢固树立品牌意识，充分利用中国高铁占世界高铁总里程60％以上的有利因素，以及技术先进完善、安全可靠、兼容性好、质量和性价比高等综合实力，在推动中国高铁标准国际化的同时，打造中国高铁品牌，提升中国高铁产业的国际知名度和品牌影响力。在项目建设和设备制造中践行"产品品牌化、品牌名牌化、名牌国际化"，不断丰富和提升高铁品牌的技术文化内涵，在全球树立中国高铁高端品牌形象。

加速培养培训高铁国际化人才

中国高铁"走出去"不仅面临着德国、法国、日本、加拿大等国高铁的强有力竞争，也面临着自身国际化高铁人才严重不足的窘境。实际上，无论数量还是质量，国际化人才都无法满足海外业务快速拓展的需要，成为制约国际业务进一步发展的瓶颈。加速培养培训高素质高铁国际人才，不仅是应对现实挑战和提升中国高铁综合竞争力的燃眉之急，也是确保"走出去"战略可持续发展的当务之急。

第一，构建多层次的国际化人才培养体系。高铁人才国际化培养规划，包括培养对象的选择、培养内容的确定、培养模式的研究等。充分发挥铁路专业院校、铁路龙头企业、铁路行业协会的作用，以专业院校和骨干企业深度合作为依托，整合校企优质资源，打造若干国家示范性（国际）铁路教育培训中心，为支撑"走出去"战略顺利实施储备人才。当前，要用非常之举培训两类紧缺人才，一是了解目标国或地区政治经济人文，熟悉国际经济运行规则，熟悉海外标书方案起草和投标业务流程的海外市场拓展人才；二是"重诚信、懂业务、通语言、会管理、善经营"的海外项目管理人才。

第二，创新运作机制。综合运用多种模式培养国际化应用型人才，主动对接高铁国际标准，引进德国、日本等国先进的师资和课程体系，提高外籍教师聘用质量，根据实际情况对部分课程进行本土化改造。积极推进中国铁路专业技术人才职业资格的国际、地区间互认。通过加强与 UIC 等国际机构的人才交流与合作，积极向产能合作重点国家公派留学生，鼓励国内优秀人才走向国际。运用数字化、网络化和信息化手段，开展国际化远程教学和

MOOC 学习。

第三，开展国际项目交流合作。铁路专业院校要积极加入并主导"欧亚交通高校国际联合会""轨道交通应用技术人才培养联盟"等国际机构，推动与沿线国家轨道交通类院校共建联合培训项目，通过共建"东非（肯尼亚）铁道交通高技能人才培养基地""东盟轨道交通人才培训中心"等国际合作办学项目，打造铁路人才培养和实践基地。同时，拓展教师队伍视野水平，积累国际化培训经验，搭建师资交流平台，提升国际化人才培养的针对性和契合度，并进一步了解海外轨道交通市场需求。

第四，注重培养当地高铁人才。高铁是高技术高智力密集型产业，"一带一路"沿线国家一般都没有足够的能支撑高铁产业链的人才。因此，需要为"甲方"（东道国）有针对性地培养和培训从技术到管理、从基层到高层等各级各类人员，其中重点是培养一线人才。培训场地既可以在中国也可以在当地，培训方式多种多样，可以用培养留学生的方式，也可以用诸如联合办学等方式，实施东道国铁路专业学生的学历教育。

第五，完善引才引智政策和措施。进一步拓宽人才引进渠道，简化招聘流程，完善引进国内外优秀人才的各项激励政策和配套服务，大力引进一批具有国际经营能力、熟悉国际运营模式、精通重点国别语言文化的高端国际化人才。借助跨国并购和战略联盟，使用更多东道国优秀的管理人才和具有胜任力的一线员工。

强化风险防控体系

美国西部快线公司于北京时间 2016 年 6 月 9 日晚间在其官网发布公告称，正式终止与中国铁路国际（美国）有限公司为建造美国高速客运铁路而组建合资公司的一切活动。其给出的解释是，"美国联邦政府规定高铁必须在美国建造，及时履行项目面临诸多困难，同时中铁国际很难获得（美国）政府的相关许可"。中国铁路总公司随后发表声明称已依法进行交涉。事实上，此次事件反映出中国高铁"走出去"的一些共性问题，归结为一句话即"风险评估不足"[①]。

建高铁是一项高风险事业，在境外建风险尤其高。以东道国的政治风险为例，一些国家不可知的政局走向使建高铁面临潜在的政治风险，政局变动特别是非正常途径的政府更迭通常会导致政策调整。域内外大国可能的干预，更使得复杂的局面雪上加霜。"一带一路"沿线大都是发展中国家，政治上不太稳定，中央政府

[①] 王梦恕：《高铁走出去应加强风险评估》，《环球时报》2016 年 6 月 13 日。

的权威较弱，普遍流行部落政治，国家政权一旦更替，项目可能就得停止。

实际上，目前中国高铁出海最大的风险，就是政治风险和地缘政治风险。近些年来中国的强势崛起令部分国家分外警惕，一些沿线国家表达出对中国发展战略背后的军事意图与地缘政治意图的疑虑，甚而产生敌意，导致地缘政治风险剧增。对于中国在他们国家建高铁，以"经济安全"为由进行"政治干预"也许是最好的借口。在与中国高铁合作过程中，印度、越南、泰国相继"出状况"就是明证。墨西哥政府在中国高铁项目上出尔反尔，既是国内政治斗争使然，从根本上说也是地缘政治使然。

中国高铁在"走出去"过程中，为了防范以政治和地缘政治为代表的诸多风险，必须强化风险防控体系。首先，做好项目合作前期的环境研究、可行性研究和风险评估，确立回报机制。从政治、地缘政治、经济、金融、社会、技术、法律（含专利和产权）、环境等方面审视风险因素，及时对潜在风险进行总体评估和预防，在项目不同阶段重点关注不同风险因素。在此基础上建立严肃科学的风险分散机制，提前对可能影响和妨碍项目实施的因素采取必要防范措施。

以防控法律风险为例，要全面调查掌握东道国的法律环境和经营环境。借助内外部律师合力，对其外资准入制度、投资审批程序、公司设立程序、公司法律框架、税务体制、劳动法律制度、环保要求、外汇管制要求等与企业运营和收益密切相关的法律法规做详尽调研和确认。建立健全争端解决机制，降低纠纷解决成本，利用国际规则维护合法权益。

其次，强化企业内部风险防控机制。重视风险评估与管理，强化内部审计部门和风险控制委员会的职责。建立强有力的财务控制系统，建立高效全面的预算管理体系，通过预算管理及时将经营各个环节纳入管控之中。主动参加海外投资保险，建立风险突发后的补救机制。采取当地化公司治理策略，严格遵守所在国或地区法律法规，规范境外项目经营活动。关注合同洽谈细节，做好合同审查工作。此外，加强和完善企业内部控制环境，制定"业务行为规范准则"，准则应包括：（1）道德政策，（2）利益冲突，（3）担任董事政策，（4）馈赠礼品和娱乐招待政策，（5）参加政治活动政策，（6）跨国经营政策，（7）反托拉斯法，以及（8）健康政策等。

再次，建立政府、行业、企业多级风险防控服务体系。按照政府引导、行业协调、企业主体、预防为主的原则，健全完善境外风险防范工作预案，强化政府、行业协会等多层次的组织协调功能，构建市场化、社会化、国际化的"走出去"中介服务体系。充分发挥政府各级、各部门职能作用，提高政府境外风险防范综合服务水平。中国商务部一直定期发布《对外投资的国别指南》《国别风险分析报告》《国别投资经营障碍报告》等资讯，这些好做法值得坚持。

加大金融财政支持力度

高铁初始投入十分巨大，资金不足和投融资方式不成熟严重制约其发展。据亚洲开发银行测算，2020 年前亚洲地区每年包括高铁在内的基础设施投资需求高达 7300 亿美元。[①] 虽然金砖国家银行、亚投行和丝路基金在一定程度上可缓解投融资压力，但"一带一路"沿线国家特别是中国周边国家多为发展中国家，经济实力有限。同时，私营部门进入部分周边国家的交通基础设施建设领域又受到一定限制，高铁建设严重依赖国家财政。

目前，中国高铁企业出海面临很大的资金问题和金融风险，亟待解决融资成本高、保险费用高等问题，需要政府加大金融财

① 李晨阳、杨祥章：《中国与周边国家互联互通建设的进展、挑战与前景》，《战略决策研究》2015 年第 4 期，第 3—16 页。

政支持力度。

第一，需要调整和优化现有金融支持政策。界定政府、企业和金融机构在不同类别高铁项目中的职责、资源和利益，并在宏观政策、战略规划、资源整合、监管考核中切实加以体现。对政府间高铁项目、重点特殊国家铁路项目（主要在发展中国家），由政府主导、政府出资加保本微利。对现有政策不能覆盖但确需支持的战略性项目，按照"一事一议"原则统筹研究确定专项金融支持政策；对商业化项目（主要在发达国家），企业是主体，由企业自主决策、自负盈亏、自担风险、依法维权。原则上，对所有重大高铁项目的前期费用，采用政府全额出资或适当补助方式支持企业进行项目前期工作。

第二，完善金融财税支持政策体系。加大两优贷款对高铁"走出去"项目和推进铁路国际产能合作重大项目的支持力度，定向给予融资额度和融资成本的优惠政策。帮助金融机构降低融资成本，通过特许金融机构利用外汇储备委托贷款，以美国国债作担保在境外定向发行美元债等多种方式，增加有关金融机构低成本外汇资金来源，降低我国金融机构提供贷款的利率水平。

梳理对外签订的双边投资保护协议，制定细则，使对外投资的中国企业能利用好双边保护协议，对重点国家、重点领域应签署特殊的双边协定或协调机制。推动人民币海外投资，帮助中资企业规避海外投资的汇率风险。加大对铁路企业"走出去"的财税支持力度，加快与有关国家商签避免双重征税协定，落实企业境外所得税收抵免政策。由中央财政拨付专项基金用于特别保险，完善海外铁路投资保险体系。

第三，构建多方参与的金融服务体系。共同构建以国家开发银行、中国进出口银行、中国出口信用保险公司等政策性银行和开发性金融机构为主体，以商业性金融为支撑，广泛吸纳商业保险公司、其他商业性非银行金融机构等机构共同参与的"走出去"金融服务体系。

从国家层面增加中投等主权基金和国新等政策性基金的额度，投资领域上关注高铁"走出去"，并适当放宽投资收益预期。利用好我国数量庞大的外汇储备资源，鼓励商业性金融机构开展银团贷款、出口信贷、项目融资等业务，创新金融产品，充分发挥融资、融智作用。支持"走出去"企业以境外资产和股权、矿权等权益为抵押进行融资。

第四，引导金融机构提供全方位金融服务。由政府协调建立政策性金融与商业性金融分工协作，充分发挥综合金融业务"组合拳"的优势，为"走出去"的企业提供涵盖融资、保险、国际结算、金融信息咨询等一揽子全方位金融服务。鼓励金融机构提前介入境外铁路项目的前期开发进程，参与具体的预可行性研究、可行性研究工作，帮助企业设计可行的项目融资结构。

第五，深化风险共担的政企合作机制。完善金融机构资本补充和约束机制，全面提升金融业综合实力和抗风险能力；鼓励中国出口信用保险公司设计有针对性的保险业务；建立金融机构的风险补偿机制。探索如何盘活境外合作区以及"走出去"企业在境外形成的固定资产，使其既能成为可担保抵押物，又能充分利用国内外汇储备，实现外保内贷，降低融资成本。

第六，支持企业"走出去"实施海外PPP项目。由于过去单一的业主和政府融资模式已经很难满足国际基础设施建设市场的需求，债务规模接近上限、政府融资受区域政策限制、基础设施建设和运营管理效率低下等一系列问题，都给政府融资为主的模式带来了挑战。PPP、特许经营等项目融资模式的发展，融投资主体的多元化是未来发展的必然趋势，顺应市场变化、创新融资模式将成为中国高铁增强国际竞争力的必然选择。

从高铁"走出"到高铁"走进"

判断高铁成功"走出"的标准，是真正"走进"目标国。中国高铁要顺利"走出去",必须塑造积极正面、互利共赢的国际形象,致力于营造有利的国际政治经济环境,加强跨文化交流。中国高铁"走出去"固然要有建设技术和装备制造上的硬实力和锐实力,固然需要考量经济和商业利益,更要意识到高铁不仅是产品输出,更是文化交融,更需要软实力和巧实力,如果只注重短期效益,将会适得其反。

对于"一带一路"建设的重要节点国家和目标国,要突出和彰显"合作共赢、交融互通"的理念。"一带一路"沿线国家大都具有丝绸之路的历史记忆,通过高铁建设和运营,重新唤醒沿线国家的集体记忆,将是"民心相通"的重要内容。民心通了才受欢迎,否则将被拒之门外。何以"走进"?要从观念上、表达上、宣传上重新界定中国高铁"走出去"的社会认知,用"融入式、分享式"认知取代"攻入式、输出式",从而以良好形象赢得信任。

高铁对任何国家而言都事关重大,高铁决策本质上是政府决策。一旦决策与政府有关,一国的政治体制和政治过程必然会影响高铁能否"走进"的命运,所以要特别处理好和高铁引入国政府的关系。为此,需要充分倾听东道国政府对高铁的定位与诉求,透彻分析东道国政治、经济、社会、宗教、族群、人口、土地制度、历史和文化传统等基本国情,因为一个国家对高铁的需求,与政府意志和该国的政治生态、经济发展及社会结构都紧密相关。

高铁要顺利"走进"目标国，重视社会和民间的作用当是题中之义。要善于利用非政府组织和民间力量。与当地居民、社区、非政府组织等利益相关方形成共同发展、合作共赢的伙伴关系，获得当地民众的信任和支持，很可能成为中国高铁顺利"走进"的关键因素。要注意收集和掌握当地经济社会信息，充分考虑当地政治生态、媒体舆论以及社会各阶层的态度，倾听当地相关行业协会、利益集团及学术界的声音。同时，注意发挥海外华侨作用，加强与海外华人社团（包括研究机构、地区性组织、商会、宗族联谊会等）的沟通和交流。

实际上，日本在这些方面已有很好的做法。近年来日本政府大力推行"新干线外交"，在推动铁路基建向东南亚出口的过程中，非常注重发挥"日本贸易振兴机构"和"日本商会"等官方和民间组织的作用，还通过在东南亚国家设立文化机构，为日本轨道交通装备出口架桥铺路。在印度孟买—艾哈迈达巴德高铁项目竞争中，日本国际协力机构（JICA）出面积极游说当地政、产、学、研等机构和部门，推动有关各方积极促成日本方案。

"走出去"的中国高铁企业，要顺利"走进"目标国，必须发挥双方的比较优势，因地制宜地实施本土化发展战略。首先，帮助东道国产业发展。充分利用东道国的自然与社会资源，调查研究当地产业的进度和深度，分析与铁路产业相关的目标市场基本现状，在当地培育和扶持铁路相关产业链上下游企业和与其发展有关的研究机构、金融机构、行业协会组织，促进东道国形成铁路产业及相关产业。

其次，寻找本土产业领域和方向，明确产业培育目标，搭建附加值生产链。利用项目所在国的资源，聘用当地的技术专家和咨询顾问，在当地设立子公司或技术研发中心，在当地设立建筑材料、构配件生产厂等。主动承担工程管理及其后期持续开发，在维护企业核心利益的同时，加强技术转让和经验分享，提高当地工业化的装备配套能力，带动当地扩大就业。

再者，积极履行企业社会责任，发挥企业优势开展公益活动，大力发展企业融入当地社会的能力，为东道国的经济社会发展做出贡献。严格遵守东道国的法律法规和监管制度，重视劳工及环境保护问题，成为当地受尊敬的企业。

5.4 中国高铁"走出去"战略举措

针对中国高铁"走出去"面临的各种问题，应加快推进以下六个方面的工作，在国家层面上强化有关的政策支持。

成立国家级"中国高铁'走出去'"领导小组

高铁"走出去"是一项体现国家意志和政府行为的战略行动，是复杂庞大的系统工程。因此，成立国家层面的"指挥部"——"中国高铁'走出去'领导小组"十分必要。操作上，建议将现有的铁路"走出去"工作协调小组升格为高铁"走出去"领导小组，由国务院领导兼任组长。

领导小组的使命是，从"统筹考虑国际国内两个大局，综合运用国际国内两种资源"的战略高度，依托国家力量，在实施"一路一带"倡议的大背景下，积极有效地推动高铁走向世界。从政治、经济、产业、装备、投融资、外交、国防和文化等多个维度，协调各方、超前规划、有序推进。加强政府间的对话和协商，与进入国建立常态化的沟通协调机制。

领导小组的职能是，确立"走出去"战略目标、战略路径和战略举措；建立健全国家统筹协调运行机制，强化政策支持力度，完善配套服务体系；协调有关部委有效开展"高铁外交"，顺利推进国际高铁产能合作；加强与联合国、世界银行、亚投行、铁路联盟等国际组织的交流与合作。

领导小组下设专职办公室（暂设于发改委，主要工作由国家铁路局承担），并拥有充足经费保证。简化现有五个有关"走出去"管理协调机制，通过优化工作流程，定期举行会议，负责落实统筹协调事项和工作责任，完善事项沟通、分类指导机制。组织专业化团队深化决策支持研究；优化跨部门的国际协调机制，协调铁路总公司和相关高铁企业、国家开发银行等金融机构，总体统筹规划指导中国高铁有选择、有重点、有计划、有步骤、有组织地"出海"。

建立"中国高铁'走出去'"门户型智库

围绕高铁"走出去"，集聚政府、高校、科研机构、产业界有关研究力量，招募和聘请一批专兼结合的来自高铁行业企业、金融机构、法律事务机构、国别（区域）研究机构等单位的专家，建立国家级"中国高铁'走出去'"门户型智库。通过充分发挥智库成员各自的专业能力和比较优势，谋划中国高铁"走出去"的顶层设计和战略部署。智库着重在机制、产业和企业三个层次上开展研究。

机制层面：针对高铁"走出去"，深入研究如何构建决策平台、整合实施团队、配置行政资源、再造业务流程的治理机制；

深入研究如何构建目标一致、指挥有力、精干高效、权责对等、流程顺畅的工作机制；深入研究如何使高铁"走出去"的战略引领原则、系统规划原则、重点突破原则、资源集中原则、风险可控原则和合作共赢原则有机结合的整合机制。

深入研究如何形成政府引导、企业主体、金融支持、市场运作、多方共建、行业联合的协同机制；深入研究针对不同高铁项目形成由国家牵头协调分工，金融、制造、施工、商贸相互支撑，铁路行业内有关企业结成联合体的联动机制；深入研究促进和推动高铁"走出去"的经济外交政策、财政政策、税收政策、金融和外汇监管政策，特别是具有针对性、突破性和操作性的优惠政策、倾斜政策和配套政策。

产业层面：做好目标市场的需求分析，强化市场细分，找准有效市场。深度分析目标市场的政治法律环境、经济技术环境、社会文化环境、自然地理环境和市场竞争环境，揭示高铁"走出去"的重点区域、重点项目和重点方向。

在战略上，深入研究如何最大限度地发挥中国高铁行业的整体优势和高铁产业链集成实力，提高全球性配置资源、全产业链经营、关键价值链控制、核心技术掌控和高附加值盈利能力，全面提升国际化综合竞争力，形成国际级产业力量，统一步调，形成合力，融入全球，跨国经营，抱团出海，以此提高"走出去"的整体实力和总包能力。

在谋略上，深入研究如何以国内铁路行业大联盟为基础，夯实行业实力，构建包括勘察设计企业、工程建设企业和装备制造企业等相关单位在内的联合体，形成集洽商立项、勘察设计、投融资、工程实施、装备供应、竣工验收、联调联试、安全评估、运营管理于一体的系统能力。

在攻略上，深入研究装备制造业和工程建设业分类施策的策略和创新合作的模式，提出针对如下问题的实操建议：装备产能输出如何坚持全球化经营与本地化运作相结合，推动多产业板块协调并进；工程建造如何坚持以设计咨询为先行，以建设施工为依托，充分发挥咨询设计作为高铁工程建设灵魂的引领、先导、龙头和带动作用，实现工程项目的资源整合优势互补。

企业层面：研究企业如何"走进"目标国的方略和整体解决方案，注重揭示"走出去"中的各种潜在风险以及应对、规避和管控风险的策略。按照"一国一研""一国一策"原则，编制铁路"走出去"国别研究报告，据此制定针对性的技术集成方案和谈判、公关、商务、法务等项目进入举措，以期做到知己知彼、精准施策。

要特别注重研究企业能力建设问题，致力于提升企业的全球管控力、市场拓展力、资源配置力、风险防控力、价值链竞争力和品牌塑造力，致力于提升企业全球化经营、本土化运作、数字化管理、智能化制造和多元化发展等能力。

组建"中国高铁'走出去'"国际产业联盟

行业集合、产业集群、市场竞合是成功实现高铁"走出去"的重要因素。为减少国内企业间的过度竞争和不良竞争，协调内部，消解内耗，一致对外，凝聚产业合力，集团化参与海外竞争，应加快建立"中国高铁'走出去'"国际产业联盟，形成覆盖高铁产业全生命周期的组织协同系统，实现产业联动、互动输出。以此联盟为基础，成立"中国高铁'走出去'论坛"常设成员单位联盟，常态化助力国家战略的纵深推进。

创建轨道交通国际人才教育基地

对"走出"而言，人才资源是第一资源，人才支撑是最强劲的支撑。对"走进"而言，人才的培养与培训有利于海外市场培育和推广，有利于产品进入前的目标国认同。中国高铁"走出去"，应坚持人才培养培训先行，国内国际化高铁人才资源和进入国本土高铁人才资源"两手抓""两手都要硬",积极培育高速铁路技术成果共享的教育氛围,构筑支撑世界轨道交通发展的人才培养培训体系,为持续走出去搭建人才"蓄水池"。

为此,建议启动建设"一带一路"轨道交通国际人才教育基地。此基地涵盖国际教育中心、轨道交通展示中心、轨道交通体验中心、跨文化交流中心、软科学研究中心五大中心。

重点实施一批教育合作项目、人文合作项目、留学访学计划、科技合作计划,发挥教育的桥梁纽带作用,传播中国文化,讲述中国故事,传递中国价值,拉近中国与沿线国家社会各阶层的心理距离,培养知华友华亲华助华人士。加强对欠发达国家和地区高铁人才培养培训的支持力度,为欠发达地区高铁发展提供科技支撑和人才支撑。

推进高铁教育课程的国际化。加强国际高铁教育课程和教材建设的互动和沟通,加大数字化教育力度,实现教育资源的共建共享。集中开展"一带一路"沿线国家轨道交通人才学历、非学历教育项目,打造国际轨道交通人才培养"中国标准",为沿线国家培养储备一批具有较强理论基础、工程实践能力的轨道交通人才。

人才培养培训是中国高铁"走出去"的基础性、先导性、前瞻性工作，同时也是具有战略性、紧迫性和挑战性的工作。经广泛调研和充分论证，为破解"走出去"战略的人才瓶颈，可实施"22441"人才先行战略。"22441"的内涵如下：

"2个体系"，即构建铁路国际化人才"培养体系"和"培训体系"。

"2个认证"，即构建高铁国际化"专业教育认证"和"职业认证"。制定国际实质等效的专业教育认证和职业认证标准，系统设计认证制度，组织实施认证过程，决定并发布认证结论等，为高铁教育的人才培养和培训质量提供科学标准。

"4位协同"，即建立政、产、学、研四位协同育人机制。

"4个统筹"，即统筹国内与国外、当前与长远、线上与线下、全面覆盖与突出重点。

"1个联盟"，即成立国际高铁教育联盟，搭建信息沟通与资源共享平台，建立产教融合与协同创新机制，推进国际交流与合作，联合培养培训国际化高铁人才。

建设"轨道交通国家实验室"

习近平总书记指出，要加快建设以国家实验室为引领的创新基础平台，使之成为抢占科技创新制高点的重要载体。为提升中国高铁核心竞争力，应以国家目标和战略需求为导向，瞄准先进轨道交通四大战略方向，即轨道交通系统安全保障技术、系统综合效能提升技术、系统可持续性技术和系统互操作技术，引领轨道交通领域技术创新新范式，占领运输系统技术、标准、装备和集成能力体系的制高点，加速推进"轨道交通国家实验室"建设，为中国高铁"走出去"提供强力支撑。

利用国家大力推动"中国制造2025"十大重点领域的建设机遇，加快新材料、新技术和新工艺在先进轨道交通装备上的应用，重点突破体系化安全保障、节能环保、数字化智能化网络化技术，研制先进可靠适用的产品和轻量化、模块化、谱系化产品。研发新一代绿色智能、高速重载轨道交通装备系统，围绕系统全寿命周期，向用户提供整体解决方案，建立世界领先的现代轨道交通产业体系。

当前和今后一段时期，要围绕空天车地信息一体化轨道交通运输安全与控制关键技术、轨道交通系统安全保障技术、时速400公里以上高速客运装备技术、磁浮交通系统关键技术、超高速真空管道磁浮交通及动模风洞等行业科技前沿和重点领域加速展开科研，以实现高铁的技术突破和技术跨越。

设立"高铁项目海外投资风险基金"

高铁走出国门，应探索稳妥和高效的投融资方式，以应对陌生环境带来的风险和挑战。鉴于海外高铁项目投资风险大，国家应设立"高铁项目海外投资风险基金"。同时，充分利用外汇储备，将外汇储备与高铁企业的跨国经营战略、金融机构的国际化经营战略有机结合，推进高铁企业和金融机构协同"走出去"。

加强银企合作，继续发挥政策性金融机构的先导性和基础性作用，协调国家银行提供项目优惠贷款（买方信贷、卖方信贷等政策），加大扶持海外高铁项目力度，增加海外高铁项目融资额度。国开行和中国进出口银行可通过优先支持"一带一路"战略中的早期收获战略项目，引导并支持高铁"走出去"。研究搭建区域性的高铁"走出去"金融平台，专项支持海外高铁投资项目，以股权、债权、产业基金、并购基金等形式引导扶持企业"走出去"。

依托丝路基金和亚投行，完善高铁"建设＋投融资（EPC+F）"体系。一方面，化解中国外汇储备风险，加快人民币"走出去"步伐，抢占全球贸易新规则制定权及主导权、定价权和资源配置权。同时，提升国际金融市场融资能力。利用国外发达证券市场和银行业直接融资，或运用设备设施金融租赁、ABS（资产支持证券化）、杠杆收购、银团贷款、设立国际铁路产业投资基金等先进的融资手段，促使高铁"走出去"项目向国际资本市场多元化融资拓展。

另一方面，结合东亚、南亚、中亚、中东等目标国的投融资环境，针对业主国的实际情况，灵活采用 BT、BOT、BOOT，以及 TOT（Transfer-Operate-Transfer，即转让—经营—转让）、TBT（TOT+BOT，即将 TOT 与 BOT 组合起来，以 BOT 为主的一种融资模式）、PPP 和 TOD 等投融资模式。对于财政能力较好的国家可选用 BT 模式；对于流量大、商务环境好的项目可以选用 TOD 模式，通过土地和物业开发实现商业上的创新回报。

结合"高铁换资源""市场换资金"等方式，将经济风险降至可控范围之内。研究并推广"资源换高铁"模式，对于经济落后的资源国，要加强创新合作模式研究。例如，通过诸如中亚和欧洲的石油、天然气，非洲的矿产，缅甸的钾矿，泰国的橡胶、大米等换高铁，以及高铁换市场和政治互助等方式，为中国发展换取经济资源或战略资源，实现战略共赢。

企业自身也要不断优化自有资金、银行贷款、资本市场融资、政府拨款补助、民间借贷等投融资资金结构。特别地，中国高铁企业大都已经成为跨国公司，应进行整体的财务金融管理筹划，通盘考虑资本结构和融资安排。

下　篇

高铁时代的
大学担当

中国高铁产业从无到有、从弱至强、从追随到引领的发展之路，就是中国轨道交通拔尖创新人才培养的破题之路，也是轨道交通特色鲜明、实力强劲的研究型大学的求索之道。交通改变生活，教育成就未来，培养高素质的高铁人才，推动"一带一路"沿线国家交融汇通和共同发展，是大学的责任、担当和使命。

第 6 章
"再工业化"浪潮下的高等工程教育

6.1 工程科学技术：人类文明演进的强大动力

中国古代工程技术成就卓著

从 250 万年前人类学会使用工具以来，工程科学技术一直是推动人类文明演进的强大推动力。战国时期修建的都江堰水利工程，两千年来泽霈巴蜀大地，造福天府之国；自西周到明代修建的长城，"上下两千年，纵横十万里"，体现了中国古代建筑工程技术的非凡成就。

我们的先民还在制陶、造纸、印刷、冶炼、铸造、采盐、采矿、防洪、灌溉、纺织、印染、机械、建筑等各个工程技术领域，创造了举世瞩目的卓著成就。英国著名科学史家李约瑟在《中国科学技术史》中这样讲道："从公元 1 世纪到 18 世纪，由中国先后传到欧洲等地的科技发明至少有 26 项，它们对世界历史的发展起了重要的推动作用。"

历次工业革命昭示：工业强则国家强

18 世纪中叶，蒸汽机、纺织机的发明引发第一次产业革命，把世界从手工生产转向了机械生产，人类由此跨入工业时代。19 世纪末至 20 世纪上半叶，发电机、内燃机和化工引发了第二次产业革命，使人类迈入电气化、原子能和航空航天时代。

20 世纪下半叶，电子计算机、互联网和信息技术引发了第三次产业革命，极大地提高了社会生产力水平，使人类步入了信息化、智能化时代。近几年来，以数字化生产为标志的第四次工业革命，催生着新一轮产业跃迁，量子信息技术、空间工程技术、新生物技术、新能源技术、新材料技术等不断涌现，世界范围内的产业结构性革命正在悄然发生。

回顾人类文明演进的历史，从游牧渔猎到刀耕火种，从蒙昧野蛮到文明开化，从工业文明再到今天的信息数字化时代，我们可以清晰地看到，人类社会的每一次重大变化，背后总是伴随着某种重大技术的诞生，而那些重大技术则成为我们把握过去的历史地标。

从第一次产业革命英国的崛起，到第二次产业革命德国、日本的超越，再到第三次产业革命美国的引领，直到现在方兴未艾的第四次产业革命中群雄并起和中国的异军突起，大国崛起的轨迹无不深刻昭示，制造业的勃兴和制造实力是其中的决定性力量，"工业强则国家强"这一朴素真理历久弥新。

6.2　后全球化时代的大国制造业战略

随着生产社会化、贸易自由化、商务电子化、经营虚拟化和经济一体化，世界进入全球化时代，全球化最重要的特征是虚拟经济大行其道。从 20 世纪 70 年代起，美国、日本、德国等当时工业高度发达国家实施"去工业化"政策，并通过装备制造业逐步向海外转移实现了本国产业结构转型升级。

制造业的外流致使美国等发达国家实体经济"金融化""空心化"严重，以资本市场为主体的虚拟经济逐渐占据了主导地位，资本市场的虚假繁荣和实体经济的不断萎缩，最终导致爆发了全球性的金融危机。

金融危机的全球爆发，引起人们对没有实体经济支撑的虚拟经济的深刻反思，进而触发了"再工业化"浪潮。这一浪潮伴随与之对应的世界地缘政治重构和国际经济金融秩序再造，表明世界开始进入后全球化时代的前期。2008 年国际金融危机后，为解决金融危机造成的大量失业问题，美国、日本、德国等国家纷纷制定相应政策，启动"再工业化"进程，进行工业化改造、升级并引导海外制造业向本土回流。

美国"再工业化"

美国经历了金融危机、互联网泡沫后，着力调整经济发展方略，及时启动了再工业化战略以重振美国制造业。2009 年和 2010 年先后出台《重振美国制造业框架》和《美国制造业促进法案》，2012 年提出《美国先进制造业伙伴计划》，2013 年进一步推出了《国家制造业创新网络》。2013 年美国制造业占 GDP 比重达到 15%，直接、间接就业人口则升至 1703 万，比金融危机爆发时的 1146 万高出惊人的 49%。

德国"工业 4.0"

德国制造业实力强大，质量、品质、水平堪称世界一流。面对美国重振制造业以及中国等制造大国的崛起，为确保德国制造未来，稳固在全球制造业的龙头地位，2010 年德国出台《高技术战略 2020 行动计划》，2011 年推出《纳米技术 2015 行动计划》，2013 年提出《实施"工业 4.0"战略建议书》，并制定了八个优先行动计划。德国"工业 4.0"的核心是构建"物理信息系统"（Cyber-Physical Systems，CPS），这一系统旨在通过智能工厂、智能生产和智能物流，打造智能制造新标准。

法国"新工业"和"未来工业"

法国面对"去工业化"带来的工业增加值和就业比重双重持续下降的窘境，于 2013 年 9 月推出了"新工业法国"战略。该战略为期十年，主要解决能源、数字革命和经济生活三大问题，共包含可再生能源、电动飞机和新一代飞行器、智能电网、医学生物技术、物联网、机器人、增强现实技术、非接触式服务等 34 项具体计划。近年来，法国对"再工业化"政策又进行了深度调整，提出"新工业法国 II"计划和"未来工业"计划。通过这些计划，法国力求重塑工业实力，使自身处于全球工业竞争力第一梯队。

日本"新增长战略"和"机器人新战略"

日本曾在 20 世纪 80 年代，创造了家电和汽车制造全球第一的骄人成绩，所推行的质量革命在世界制造业市场中独树一帜，特色突出。然而，由于过度依赖精细技艺，忽视新的颠覆性技术创新，特别是由于缺乏市场敏锐性而错失了难得的发展先机。痛定思痛，2010 年日本发布《新增长战略》，2015 年又公布了《机器人新战略》，由此加速发展以机器人产业为代表的战略性新兴产业。

"中国制造 2025"

中国制造业在最近二十余年中发生了深刻转变，在从"世界工厂"向包括高铁在内的"高端装备提供商"跃进的征程中取得了巨大进步，在高铁、大桥、家电、手机、卫星、无人机、超级计算和水电等领域，获得了令世界惊叹的声誉。世界金融危机后，中国更加坚定了从"制造大国"向"制造强国"乃至"智造强国"和"中国创造"转型的坚强意志。

2015 年中国发布《中国制造 2025》，实施制造业创新中心、智能制造、工业强基、绿色制造、高端装备等重点工程，明确新一代信息技术产业、高端数控机床和机器人、航空航天装备、海洋工程装备及高技术船舶、先进轨道交通装备、节能与新能源汽车、电力装备、农机装备、新材料、生物医药及新性能医疗器械等十大重点突破领域，以及 2020、2025 技术发展路线图（图 6.1）。

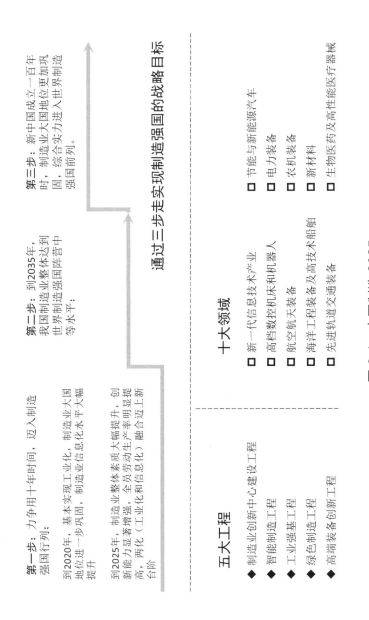

第一步：力争用十年时间，迈入制造强国行列；

到2020年，基本实现工业化，制造业大国地位进一步巩固，制造业信息化水平大幅提升

到2025年，制造业整体素质大幅提升，创新能力显著增强，全员劳动生产率明显提高，两化（工业化和信息化）融合迈上新台阶

第二步：到2035年，我国制造业整体达到世界制造强国阵营中等水平；

第三步：新中国成立一百年时，制造业大国地位更加巩固，综合实力进入世界制造强国前列。

通过三步走实现制造强国的战略目标

五大工程

◆ 制造业创新中心建设工程
◆ 智能制造工程
◆ 工业强基工程
◆ 绿色制造工程
◆ 高端装备创新工程

十大领域

☐ 新一代信息技术产业
☐ 高档数控机床和机器人
☐ 航空航天装备
☐ 海洋工程装备及高技术船舶
☐ 先进轨道交通装备
☐ 节能与新能源汽车
☐ 电力装备
☐ 农机装备
☐ 新材料
☐ 生物医药及高性能医疗器械

图 6.1 中国制造 2025

总体而言，在新一轮"再工业化"浪潮中，世界制造大国聚焦重塑本国竞争优势，大力发展机器人、智能感知、智能控制、微纳制造、复杂制造系统等关键技术，开发重大智能成套装备、光电子制造装备、智能机器人、增材制造、激光制造等关键装备与工艺，推进本国制造业向网络化、数字化、智能化、绿色化方向发展，推动本国制造业生产模式和产业形态创新。

6.3　全球重要经济体高等工程教育的深刻变革

与"再工业化"浪潮相适应，全球重要经济体特别是欧美发达国家纷纷启动了高等工程教育改革。通过构建通识教育培养体系、强化工程实践能力、健全产学研协同育人机制、提升工程领导能力、突出科技创新意识等，加强工程技术人才培养，以应对新形势下对工程技术人才的需求。[①] 国际工程教育主要分为美国体系和欧洲体系。

---

① 徐飞：《办一流工程教育，育卓越工科人才》，《高等工程教育研究》2016 年第 6 期，第 1—6 页。

美国:《华盛顿协议》

变革中的美国高等工程教育大力倡导培养工科人才的五方面能力,即动手设计研究、跨学科学习体验、创新创业、全球化视野和服务学习。

2005年美国工程院发表的《培养2020的工程师:为新世纪变革工程教育》提出了"大工程观"概念,要求学生通过通识教育追求工程机会,倡导"工程学位+(人文学科+社会与管理科学等)+企业联合培养",鼓励通过开发"以问题为中心"的实践性课程培养学生的创造能力。同时,十分重视工程专业学生实习环节,并以实习成绩作为取得学位的核心部分,引导学生学会应用工程技术、工程工具解决实际问题。

2014年麻省理工学院发布《MIT教育的未来》,不仅大力提倡在线学习、建立全球学习者社区,还积极主张亲身实践、实验学习、混合式学习、体验式教学,崇尚追求卓越。2015年美国明确提出未来十年在122所工科学校中培养至少2万名"大挑战工程师",以解决未来的重大工程问题。

在国际工程教育改革和变革中,《华盛顿协议》(Washington Accord,WA)发挥了十分重要的作用。WA是由美国等6个英语国家于1989年发起签订的四年制本科高等工程教育学历学位互认协议，协议缔约方相互之间承认各方对专业工程教育培养方案进行认证的政策、标准、程序和结果，从而构建了一个全球范围内的高等工程教育认证框架。该协议在国际上极具权威性和影响力，目前加入此协议的正式成员国已达 18 个。

WA 有两个突出特点：一是"以学生为本"，着重"基于学生学习结果"的标准；二是用户参与认证评估，强调工业界与教育界的有效对接。作为一种教育范式的革新，其专业认证以"学生为中心""结果导向"和"持续改进"为三大基本理念，与传统的内容驱动、重视投入的教育形成了鲜明对比。这两大特点代表了未来国际工程教育变革的方向。

德国：工匠精神

德国素有重视高等工程教育的传统，新形势下更加强调以下三方面：一是注重科学与技术相结合，注重基础研究与应用研究和开发研究相结合，并侧重于技术和开发研究，使学生更好地掌握工科技术领域的科研方法，在具备扎实理论功底的同时，兼备熟练和高起点的技术执行能力。二是注重系科设置与社会需求相衔接，高等工程教育机构与企业界保持密切联系，面向国家工业化进程和企业发展需求培养工程技术人才。三是注重通识教育，注重学生人文知识和伦理知识的学习，注重对"工匠精神"的弘扬与传承，致力于培养有教养的优秀工程师。

英国："三明治"教育模式和专业认证制度

英国探索实施"三明治"教育模式，该模式下学生需交替完成工作和学习任务。首先，学生要完成到企业工作实践一年所需的认知，接着完成两到三年的学习任务，最后一年完成到企业的实践和实操。2011年英国实施"开放和了解制造业计划"，投资1.25亿英镑着力打造"先进制造业产业链"。

实施专业认证制度，是英国高等工程教育一项重要的制度安排。英国自上而下建立高等教育质量保证机构（QAA）、英国工程委员会（ECUK）和各领域专业委员会（JBM）三级质量认证管理体系，确保工程教育专业和学位的质量与标准。与认证制度相衔接实施注册工程师制度，包括注册特许工程师（CEng）、注册副工程师（IEng）和注册工程技术员（EngTech）三种类型。此外，注意对精密制造、数字创意人才的培养，也是英国高等工程教育变革的一大特色。

法国：精英工程师

早在18世纪，法国波旁王朝就建立了一批专科学校，拿破仑时期直至当下进一步强化其应用功能，如巴黎路桥、巴黎矿校、巴黎高师、巴黎综合理工等工程师学校，这些学校录取率仅为10%，师生比高（平均1:5），致力于培养精英工程师。它们科研资源丰富，校企合作紧密，其毕业生质量高、就业好、薪酬优。近年来法国成立新型教育机构，出现了以大学技术学院、大学职业学院为代表的新型高等工程教育机构。

在传承特色精英教育的基础上，法国进一步提出"通用工程师"概念，其相应的课程设置充分体现综合性、多元化、灵活性、整合性与集成性。为此，将学科专业集中，形成"工程＋管理＋经济"等学科专业集群。学制上，法国采用"2年预科＋3年工程师培养"的5年学制，其中平均实习时间为18个月。法国还非常注重工科人才的国际化培养，通过主动作为、积极推动，使全面实施欧盟一体化所必需的欧洲教育模式（"索邦大学共同声明"—《博洛尼亚宣言》—"欧洲学分"）得以建立。

中国：CDIO工程教育模式

中国拥有世界上规模最大的高等工程教育。2015年，在全国2553所高校中，设有工科专业的高校占83%，工科本科生毕业人数达118万，工科在校生人数达524.7万。2007年中国启动重点领域紧缺人才培养工作，优先支持农、林、水、地质、矿业、石油、核工业、软件、微电子等工科紧缺人才培养。2010 年启动"卓越工程师计划"，并在"十二五"期间着力推进。

2013 年中国申请加入《华盛顿协议》(WA)，2016 年 6 月成为正式会员。加入 WA 不仅是中国高等工程教育国际化进程的重要里程碑，对于世界工程教育，特别是对 WA 而言也开启了一个崭新时代。2016 年 6 月联合国教科文组织唯一一个以工程教育为主题的二类机构"UNESCO 国际工程教育中心"在中国北京揭牌。

近年来，中国注重产学合作育人，大力推进 CDIO 工程教育模式，即关注产品构思（Conceive）、设计（Design）、实现（Implement）和运作（Operate）全生命周期，让学生以主动的、实践的、注重课程之间有机联系的方式学习工程。特别是近期，中国以加入 WA 为契机，深化工程教育教学改革，推动工程教育国际化，建立工程教育与行业企业更密切的联系机制，同时也为建立注册工程师制度打下坚实基础。

日韩及澳大利亚的特色工程教育模式

日本注重学生实践锻炼，实行"工业实验室"为主和"产官学一体化"的培养体系。注重企业与高等院校的密切配合，并开发出产学合作的企业本位模式。韩国强调工程教育向需求者（产业界）要求的以技术创新为主的培养体系靠拢，设立工学教育认证院（ABEEK），实行工程教育认证制度，完善产学研官合作体系，成立了光州科学技术院、韩国科学技术院、产学协会、公共技术转让联盟，以促进工程技术的开发与转化。

澳大利亚在高等工程教育模式上也独具特色，享有较高声誉。澳大利亚的教与学模式丰富，内容更新较快，注重学生自主学习；培养过程强化"情景式"实践教学，采用完全学分制，严格学业考核；注重通过项目课程强化团队合作和创新能力培养。

6.4 卓越工程人才的培养目标

综观世界高等工程教育现状，总体上看问题主要集中在以下五个方面，这五方面问题在中国当前的表现尤为突出。一是长期以来的学科导向、内容导向和投入导向，而不是结果导向；二是培养过程相对封闭，教育界与工业界的对接、对话与互动严重不足，工程教育的实践性、应用性和创新性亟待提升；三是对学生的知识、能力缺乏规范的、可操作的、国际实质等效的评价标准；四是工科教育"理科化"，学生的实习、实训、实践和实操环节亟待加强；五是重知识轻能力，重机械轻智能，重硬件轻软件，重单元（局部）轻系统（整体），重产品轻环境，重技术轻操守，重本领轻伦理，重当前轻长远，简言之，"重硬轻软""重事轻人"的现象非常普遍。这五个问题中，前四个问题主要针对国家、教育主管部门和教育机构，第五个问题主要针对学生和教师。

面对当下世界高等工程教育发生的深刻变革，如何有效克服上述问题，特别是对学生培养目标而言，如何标度卓越工科人才的培养目标？以下五个方面是关键要素。

系统宽广扎实的科学技术基础知识和工程专业技能

这里科学技术基础知识包括数学、物理、化学、信息科学等自然科学，以及系统论、控制论、工程学等工程科学和材料科学。需要强调指出的是，工程教育以工程科学为基础，以工程技术为支撑，以培养能将科技创新成果转化为现实生产力的优秀工程师为己任。与科学教育不同，工程教育更注重工程特性，更注意培养和训练工程专业技能和实操能力，以克服工程教育的"理科化"倾向。

工程师必须首先掌握工程制图、运算、实验、测试、计算机应用及工艺操作等知识和技能，并能应用这些知识与技能解决实际问题，这是工程技术人才区别于其他专门人才的第一特征。此外，还需具备更为全面深入的高阶能力。实际上，CDIO 培养大纲将工程毕业生的能力分为工程基础知识、个人能力、人际团队能力和工程系统能力四个层面，大纲要求以综合的培养方式使学生在这四个层面达到预定目标。

成为高效能工程领袖的思维能力，尤其是创新性和批判性思维能力

当代著名心理学家、教育家本杰明·布鲁姆把认知领域的教育目标分为六级：知道、领会、运用、分析、综合和评价。通常，前三类和后三类分别被称为"低级思维能力"和"高级思维能力"。要成为一流工程师，必须具备高级思维能力，包括：对事物进行分析、比较、评价、预测的批判性思维；回答问题、进行决策、提出解决方案的实践性思维；想象和创造新的观点、方案或产品的创造性思维；整体谋划、把握系统内的紧急性和交互性、确定优先级和焦点、决议时权衡判断和平衡的系统思维。

美国麻省理工学院（MIT）在实施"戈登工程领袖计划"（Gordon ELP）中，提出"高效能工程领袖的六项能力"，即领袖性格、理解认同、意义建构、目标愿景、实现愿景、技术知识

与批判性思维。MIT 通过新生课程、本科实践机会计划、工程实践计划、ELP 短期课程、ELP 高级课程、工程领袖发展计划、Internship Plus 实习项目以及工程领袖实验室等项目，培养学生的高级思维能力，进而培养工程领袖型人才。

切实掌握数字化技术和智能工具

从以机械化、电气化为特征的传统制造，到以数字化、网络化为特征的先进制造，再到以协同化、智能（强人工智能、超人工智能）化为特征的智能制造，今天"再工业化"的典型特征是网络化、数字化和智能化，基本路径是"互联网＋工业"、"互联网＋工程"、数字化智能化工程、工程数字化智能化，竞争热点是增材制造、智能制造、数字制造、激光制造、微纳制造、复杂制造等关键技术与工艺的颠覆性、系统性创新。

比如，建筑工程领域的建筑信息模型（BIM）技术，运用信息技术实现项目策划、运行和维护全生命周期的信息管理、共享和交互，带来工程建设领域的颠覆性变革。信息时代的一流工程人才，当需跨学科切实掌握数字化技术和智能工具，并将之实际运用于工程领域，有效解决工程问题。

健全人格、职业素养、工程伦理和人文艺术修养

一流工程师应当注重价值塑造和人格养成，明确工程师的角色和责任，认知工程界对社会的影响和社会对工程界的规范，明瞭历史、文化环境和发展全球观。

一流工程师应努力做到"八具有"。即具有工程伦理、行业操守和职业素养；具有关切环境、关怀生命的责任心和慈悲心；具有终生学习的求知欲和与世界工程界保持同步的上进心；具有自觉自省的人生态度；具有执着与变通相宜的健全人格；具有追求卓越、勇于开拓、敢于冒险的创新创业精神；具有对职业敬畏、对工作认真、对产品负责、对技艺不断磨练、对行业执着坚守、对领域扎实钻研的工匠精神；具有客观理性、明辨是非的价值观，能正确洞悉科技作用。

一流工程师还应加强人文艺术修养，避免成为"机器人"或"单向度人"。与之相对应，大学应将工程教育、专业教育与通识教育、博雅教育以及创新创业教育有机结合。通识教育是一切教育的基石所在，工程人才培养亦莫能外。

国外工科高校普遍重视通识教育，美国威斯康星大学麦迪逊分校通识教育课程设置比重和学分比例都很高，高到大于专业课，其中尤以人文与社会科学教育为甚。美国伍斯特理工学院专门建

立了包括艺术、文学、文科三大类的人文项目课程体系，要求工科学生必须参加两个知识群的四门课程和另外一个知识群的一门课程。

"大工程观"综合素质

培养学生的"大工程观"是当今国际工程教育的主流理念。《华盛顿协议》对毕业生提出的 12 条素质要求中，不仅要求工程知识、工程能力，还强调通用能力和品德伦理，主要包括沟通、团队合作等方面的能力，以及社会责任感、工程伦理等方面的内容。

20 世纪 80 年代以来，通过跨学科和对话形式培养复合型创新性工程人才，已经成为发达国家制定工程教育发展战略的重要内容。比如，巴黎理工大学要求学生必须选择科学基础、工程技术、经济、人文、外语、体育等学习内容，以培养学生的跨学科综合素质。

美国国家工程院院士、主席诺曼·奥古斯丁在《工程教育》一文中指出："工业招聘人员和行政人员总是抱怨，毕业的工程师缺少书面和口头交流技巧，缺少作为团队合作的能力，缺少对业务工作开展的理解，甚至缺乏对与工程项目生死相关的政治过程的基本理解。"

　　具备良好的沟通、协调、合作能力，善于进行口头或书面（包括写作交流、电子和多媒体交流、图表交流等）的宣讲、解释和说服，具有开阔的国际视野，能够进行跨文化的交流和沟通，成功地在一个团队中工作并能发挥领导作用，当是培养一流工程师的题中之义。

第 7 章
高铁未来与
大学教育

7.1　高铁产业变迁与"后高铁时代"的技术跃迁

"后铁道部时代"的中国高铁产业变迁

"大交通"体制是世界各国广泛采用的运输管理方式，其主要特点是集成和统筹铁路、公路、水路、航空和管道，形成五位一体的综合交通、立体交通、智能交通系统。中国撤销铁道部的大背景是政企分开和"大部制"改革，目的是形成高效的"大交通"格局。

根据 2013 年 3 月 10 日全国人大会议审议的《国务院机构改革和职能转变方案》，铁路将实行政企分开，通过改革界定政府管理职能、社会管理职能、企业管理职能并逐步分离。据此，将原铁道部拟订铁路发展规划和政策的行政职责划入交通运输部；组建国家铁路局，由交通运输部管理，承担铁道部的其他行政职责；

组建中国铁路总公司，承担铁道部的企业职责。

随着铁道部不再保留，"铁老大"强势地位时代落下帷幕，高铁也由此进入"后铁道部时代"。[①] 同时，中国铁路总公司的成立，也宣告铁路改革进入新阶段。高铁的营运主体由铁道部到铁路总公司，将面临如下四大挑战：

一是如何处理好社会性与经济性、公益性与盈利性之间的关系。铁道部时代，铁路提供（准）公共产品，注重社会性和公益性，其票价、运价一直保持在低端运行，一定程度上造成了铁路运输的低效益和重负担。成立铁路总公司后，则需按照现代企业制度要求，建立公司法人治理结构，参与市场竞争，着力改变铁路长期以来重投入轻产出、资产使用效率不高、成本控制不严、浪费现象严重等粗放经营问题，切实增强盈利能力。

二是如何破除垄断、集权和封闭，充分激发铁总自身的动力和各地方铁路局的活力。一方面，原铁道部是自成一体的相对封闭系统，新成立的铁总作为市场主体要直面市场竞争，必须充分激发内在动力。另一方面，铁总下属的各地方铁路局，也非常渴望获得调度指挥权、运能分配权和自主定价权。

---

① 龙泉：《后铁道部时代，大交通如何布局》，《运输经理世界》2013 年第 4 期，第 64—67 页。

但是，或许囿于原铁道部一直实行的高度集中统一指挥、全国一盘棋的惯性和传统，改制后的铁总虽简政但未（充分）放权，这严重制约了地方铁路局的活力。国家必须下决心进一步对铁路体系进行深层次改革，破除集权。同时，重组全国各地铁路局，使之成为若干具有法人实体性质的大区铁路公司，并在相互之间形成有序竞争。

三是投融资改革。铁总是国有独资企业，由财政部代表国务院履行出资人职责，交通运输部、国家铁路局依法对公司进行行业监管。但铁路总公司的发展尤其是高铁发展需要拓宽投融资渠道。据悉，"十三五"期间铁路计划投资至少 2.8 万亿元，年均五六千亿元。在庞大的投资计划下，拓宽融资渠道更是成为铁路市场改革的重中之重。

多种资本进入后，势必会对铁路现行经营体制机制提出变革要求。铁总需积极应对市场变革，善用公私合作模式 PPP 和 TOD 等多元化、社会化、市场化投融资方式，以及融资租赁、ABS（资产证券化）、银团贷款、产业投资基金等先进的融资手段，鼓励和扩大民间资本、社会资本、国际资本投资高铁建设。

四是技术创新和知识产权。创新是永恒主题。实际上，德国西门子在主动安全、模块化车体、质量管理体系和可靠性方面，日本川崎重工在低阻力、轻量化和减灾防灾方面，法国阿尔斯通在生态设计方面，加拿大庞巴迪在能源—效率—经济—生态（ECO4）等方面，都做了很多很好的创新，在技术创新上尤其突出。中国高铁何为？

当今世界各国竞争，已不仅仅是技术之争，更是技术标准、技术谱系、技术范式之争，特别是专利和知识产权之争。事实上，中国高铁要走出国门，就必须很好地解决知识产权问题。在国内，高铁知识产权问题也比铁道部改制前更复杂，因为现在铁总自身已是法人，且产、学、研、用等各方知识产权自我保护的意识都显著增强。

"后高铁时代"的技术跃迁

技术范式的抉择一直是影响高铁发展的重大战略性问题。由于"轮轨"高速技术是成熟技术，且其技术经济性价比也较"磁浮"优越，因此，当今世界高铁均采用轮轨技术。但是，正如沈志云院士指出的那样，在需要将地面交通速度提高到 400 公里 / 小时以上时，磁浮高速列车具有明显优势。①

---

① 沈志云：《京沪高速铁路技术方案的探讨》，《交通运输工程学报》2001 年第 2 期，第 10—13 页。

磁浮技术的研究起源于德国，早在 1922 年德国工程师赫尔曼·肯佩尔就提出了电磁悬浮原理，并于 1934 年申请了磁浮列车的专利。磁浮有"常导"和"超导"两种。进一步细分，常导又分为"中低速"和"高速"两种；超导又分为"低温"超导和"高温"超导。从原理上讲，超导型悬浮气隙较常导型大，运行速度较常导型高，但造价也高于常导型，两者各有优缺点。

与轮轨相比，磁浮列车采用无接触的悬浮技术，克服了车辆和轨道之间的接触磨损，无需用高承载旋转件，推进动力系统置于地面，具有能耗低、速度快、噪音小、安全性高、安全舒适、环保节能、适应性广和维修量小等优点。磁浮最大缺点是造价高，尽管如此，磁浮列车的试验研究进展还是令人瞩目的。80 公里 /小时常导短定子磁浮列车已由西南交通大学研制成功。通过引进德国技术，430 公里 / 小时常导长定子磁浮列车已在上海龙阳路站至浦东机场线上运营。2015 年 4 月 21 日，低温超导磁浮列车在日本山梨县试验线（大月—都留）跑出最高时速 603 公里。而在高温超导磁浮列车研究方面，中国研究团队已取得世界领先成果。

关于真空管道运输的探索和实践也已开始。美国特斯拉 CEO马斯克已着手建造"超级高铁"，这种超级高铁是一个未来派的快速交通系统，可以在低压管道中以时速 760 mph（1220 公里 / 小时），即接近超音速（1224 公里 / 小时）的速度运送乘客。这种高铁的时速快过目前大多数民航客机。

据《每日邮报》报道，总部位于洛杉矶的 Hyperloop One 公司，2017 年 3 月 7 日公布了名为"DevLoop"的超级高铁（Pneumatic Tubes）测试现场照片，该测试点位于内华达州的沙漠中，预计近期将进行首次测试。DevLoop 实质上是一个真空长管，将利用"豌豆荚"（运输舱）来运送人或者货物，建成后时速超 1000 公里。到目前为止，Hyperloop One 公司已经筹集了 1.6 亿美元以使 DevLoop 成为现实。该系统未来将扩展到阿联酋与邻近的海湾国家，将大大缩短两地间的旅行时间。如迪拜和利雅得之间仅需不到 50 分钟时间，而目前乘飞机需两个小时。

超级高铁之所以采用真空管道或低压管道，旨在克服空气阻力。实际上，在地表稠密大气层中运行的高速交通工具，最高经济速度不超过 400 公里 / 小时，否则，将有 80％的能耗是用来克服空气阻力的，这显然不经济。[①] 有人质疑是否有必要让地面交通工具的速度达到 400 公里 / 小时，因为更高的速度在民航飞机上早已实现。然而，依赖于石油能源的飞机存在两个难以克服的问题：

---

① 沈志云：《高速磁浮列车对轨道的动力作用及其与轮轨高速铁路的比较》，《交通运输工程学报》2001 年第 1 期，第 1—6 页。

一是石油资源是一种不可再生的能源，完全依赖于石油，人类将很快面临能源枯竭问题。事实上，争夺石油能源是 20 世纪大国角力的主要场域。在某种意义上，今日中东之乱象已经昭示"后石油时代"的到来。二是石油是高碳排放资源，世界主要发达国家都经历过高碳排放带来的环境污染问题，全球气候变暖也非"一日之温"。因此，发展更加经济环保的交通工具，是人类社会可持续发展的内在要求。

真空管道运输有望成为未来交通的一个特别选项。作为 21 世纪现代化交通运输，发展真空管道高速乃至超高速交通，理应提升至全人类发展的战略高度，切忌急功近利。[①] 中国高铁轮轨技术能否进一步取得突破性进展，"后高铁"时代是否更多采用磁浮技术，真空管道运输将会怎样发展，颠覆性的技术范式变革是否在最近的将来发生，所有这些都值得观察和期待。

在下一代高速铁路装备技术方面，高速列车将具有智能和自适应能力的转向架技术，包括高铁"走出去"所需的变轨距技术，新材料的轻量化车体技术，大功率电子变压器技术，永磁电机及其牵引控制技术，全电制动技术，同相供电技术，节能变压器技

---

① 　沈志云：《京沪高速铁路技术方案的探讨》，《交通运输工程学报》2001 年第 2 期，第 10—13 页。

术，装备状态监测技术，新材料与新工艺的应用，大容量的无线通信和更加准确的移动闭塞技术，智能化的运输组织和动态调度技术等，这些都将是下一代高速铁路发展的核心技术。另外，运能更大的重载技术，既有铁路的技术改造与升级技术，也将是轨道交通技术发展的重点。[①]

7.2　高铁时代研究型大学的使命与征程

研究型大学作为培养拔尖创新人才的摇篮，具有丰富的教育资源、齐全的学科门类、优秀的师资队伍、最富天赋的青年学子、自由的学术氛围等天然教育优势。

西方发达国家依托一流大学带动国家富强、引领世界潮流的发展路径表明，一流大学在国家崛起、民族复兴、社会进步、产业革命、文化繁荣中始终肩负重大使命并担当重要角色。英国大学在 18 世纪的崛起，德国大学在 19 世纪的超越，美国大学在 20 世纪的引领，都以培养拔尖创新人才为指针。

[①]　徐飞：《加速突破轨道交通前沿技术和战略性颠覆性技术》，《铁道学报》2016 年第 10 期，第 1 页。

新时代新使命：拔尖创新人才培养的重要性与紧迫性

近现代科技发展以来，世界经历了四次科技中心的转移，意大利、英国、法国、德国、美国先后成为世界科技中心，每个国家科技的兴隆期平均为 80 年左右。成为科技中心和科技强国得有标志性的技术，标志性技术从何而来？从教育培养出的拔尖创新人才中来。缺乏拔尖创新人才、领军人物和核心人物，就难以产出标志性的技术，就难以成为具有国际竞争力的创新型国家，更难以形成强大的可持续发展能力。

学者姜国钧在《论教育中心转移与科技中心转移的关系》中指出，成为世界科技中心的前提是成为教育中心。中国实施创新驱动发展战略建设世界科技中心，实现科学技术从跟随到引领的跨越，亟待培养造就一大批拔尖创新人才。2015 年 10 月，中国正式颁布了《统筹推进世界一流大学和一流学科建设总体方案》，特别强调要"加快推进人才培养模式改革，推进科教协同育人，完善高水平科研支撑拔尖创新人才培养机制"。中国研究型大学必须立于时代潮头，敢于肩负使命，确立科学的人才培养质量观，理性定位研究型大学的人才培养目标，开展人才培养模式的系统化改革，建立起与科技强国相适应的拔尖创新人才体系。

当今时代国际竞争日趋白热化，各国间的竞争说到底是人才竞争，国力竞争和抢占未来发展先机的焦点，不断向人才聚集、向拔尖创新人才聚集。加快培养拔尖创新人才，已成为世界重要大国在激烈国际竞争中赢得主动的共同战略选择。为迎接新世纪的竞争，许多发达国家纷纷出台拔尖人才培养计划和人才新政。1999 年韩国开始实施"BK21 工程"；2002 年日本实施"21 世纪 COE 计划"；2005 年德国实施"卓越计划"；2006 年俄罗斯实施"联邦创新型大学计划"；近年来美国政府再次批准实施旨在吸引世界顶尖学生、保持美国高等教育吸引力的"美国竞争力计划"；澳洲开始悄无声息地削减课程费用，出台奖学金激励政策吸引优秀留学生；欧盟出台"欧洲 2020 计划"，把研发领域的投资提高到 GDP 的 3%，加大高层次优秀人才的挖掘引进力度，等等。

21 世纪是科学技术迅猛发展的世纪，新技术、新能源、新材料不断涌现，新一代信息通信、航空航天、生物医药、智能制造、量子通信等尖端科技日新月异，人工智能和类脑机器人的发展尤其令人惊叹，人类进入与人工智能共舞的时代。在 2016 年 3 月举世关注的人机围棋对决中，阿尔法狗（AlphaGo）4 : 1 战胜世界围棋冠军李世石，这是继 1997 年 5 月"IBM 深蓝"经过六场角逐，以两胜一负三平击败世界象棋冠军后人工智能的又一里程碑。

2017 年 1 月 4 日，随着中国棋手古力在 30 秒一手的快棋对决中认输，Master（最新版 AlphaGo）以 60 战全胜的战绩收官，超过半数人次的围棋世界冠军挑战均无功而返，包括聂卫平、柯洁、朴廷桓、井山裕太在内的数十位中日韩围棋顶尖高手全部落败。若不抓紧培养创新创造性人才，机器人工智能或将超过人的智能绝非危言耸听，这也是理解培养拔尖创新人才重要性与紧迫性的另一向度。

新格局新征程：拔尖创新人才培养的挑战性与艰巨性

20 世纪中叶以来，国外诞生了诸如哈佛大学的通识教育课程，墨尔本大学的"墨尔本模式"（Melbourne model），以及欧洲研究型大学的"研究导向的教育"（research-oriented education）或是"基于研究的教育"（research-based education）、创业型大学建设等一系列创造性经验。

世界高等教育正掀起新一轮的改革浪潮，高等教育的理念和模式在其各个领域正在发生根本性变化。现在高等教育新格局的重要表现是，构建通识教育、专业教育和创新创业教育三位一体的拔尖人才培养体系。哥伦比亚大学、哈佛大学、耶鲁大学等世界顶尖学府重新审视新格局下的本科教育，以多项举措再造本科教育。在"U. S. News2015 年美国大学排名"中位列第 8 位的杜克大学，更是不惜重金推进"推倒重建式"大学本科教育改革，推出基于"杜克沉浸学习"的通识教育，对小到一门课，大到整个课程体系、师资配置、课外实践，甚至学生宿舍建构都进行了全面改造。

全球化和数字化是高等教育新格局的又一重要特征。全球化浪潮已经促发了新一轮的人才培养模式改革。新一轮全球科技革命和产业跃迁已成为世界许多国家教育改革的基本动力。正如美国哥伦比亚大学国际与公共事业学院院长梅里特·杰诺所言，"如何进一步参与全球性教育，进而影响全球思维，已经成为一个好大学的基础"。

与此同时，信息化席卷全球，人类社会正在酝酿以数字化生产为标志的第四次工业革命，云计算、大数据、智能化和移动互联等数字化手段，将在不同领域被广泛应用，教育领域也将因数字化发生颠覆性变革和结构性改变。随着"合作学习"等教学理念的发展及以MOOC为代表的新兴教育教学手段的运用，传统教育模式受到强烈冲击，MOOC、翻转课堂、混合式教学、智慧校园、数字化大学等全新教育模式，因其最大限度地促进多样化、开放性和个性化学习，备受人们推崇。

面对全球化和数字化等多重挑战，中国大学特别是研究型大学在"三位一体"拔尖创新人才培养方面积极探索实践。大学生创新性实验计划、人才培养模式创新实验区、研究生教育创新计划、基础学科和应用学科拔尖学生培养试验计划等不断涌现，北京大学的"元培学院"、清华大学的"清华学堂"、上海交通大学的"致远学院"、复旦大学的"四年制住宿书院"、浙江大学的"竺可桢学院"、南京大学的"匡亚明学院"、西安交通大学的"崇实书院"等，也越来越呈现出旺盛的生命力。然而，这些探索与实践仍是初步的、阶段性的和局部的，与形成拔尖创新人才培养体系的目标相比尚有较大差距，中国大学特别是研究型大学依然任重道远。

多年来，西南交通大学、北京交通大学等轨道交通特色鲜明、实力强劲的研究型大学，在探索如何培养拔尖创新人才方面不遗余力。中国高铁的大发展也为这些学校提供了千载难逢的宝贵机遇。中国高铁现已成为大国重器和全球名片，这张为世界所瞩目的名片背后，凝聚着铁路高等教育培育出的无数杰出人才的心血与奋斗。

从一定意义上讲，中国轨道交通事业从无到有、从弱至强、从追随到引领的发展之路，就是中国轨道交通拔尖创新人才培养的破题之路，也是轨道交通特色大学的求索之道。当前，轨道交通特色高校当立足并不断巩固扩大交通特色与优势，面向高铁时代和"后高铁"时代到来，主动肩负起培养引领未来发展的高端人才和领军人物的历史使命，致力于打造新机遇下拔尖创新人才培养的升级版，加速推进交通特色鲜明的研究型一流大学建设进程。

7.3　中国铁路高等教育与大学角色

中国铁路高等教育发展之路

早在 19 世纪末的清朝，中国铁路高等教育就已发端并一直延续至今。自 20 世纪 50 年代以来，其发展大致可以分为四个阶段。

第一阶段，1952 年至 1976 年，一部分高校在新中国成立初期及其后的院校调整中被定位为行业院校，为新中国铁路事业培养和储备专门人才。

第二阶段，1976 年至 2000 年，原中华人民共和国铁道部主管铁路高等教育，形成了覆盖学历与非学历教育的普通专科院校、一般本科院校、重点院校等三个梯次的发展格局，数量在 40 所左右，并与政府其他部委下属的与铁路关联的少部分高校，共同构成了支撑铁路建设发展的大学集群和完整的铁路专门人才培养培训体系。

第三阶段，2000年至2013年，中国院校调整和合并大潮之下，铁路重点院校划归教育部，划归后的大多数高校较好地保持了铁路行业特色，继续为铁路事业的发展提供强大的学科支撑和人才支撑。

第四阶段，2013年至今，中国以及世界高速铁路迅猛发展，中国铁路高等教育进入信息化、数字化和深度国际化，全方位开展国际交流与合作，全面提升教育教学质量，在学科、专业、科研诸多方面与铁路系统技术、管理、设计、施工、试验等实务全面契合，与中国铁路市场尤其是高铁的人才、科技需求高度匹配。

中国高铁在多代人的不懈奋斗下，在铁路高校的强力支撑下，经历了从无到有、从弱到强的历史性跨越；经历了从独立开发试验列车，到通过引进获得成熟整车经验，再到在新经验基础上自主研发全新整车的不平凡历程；迈出了从制造走向创造、从探索走向突破、从追赶走向引领的崛起之路。现在，高铁不仅成为中国的一张国家名片，更成为创新型国家建设取得重大突破的标志性领域。

概言之，中国铁路高等教育为中国铁路技术、人才等提供支撑；反之，巨大的铁路发展需求，特别是近些年来中国铁路提速和高铁大发展，又为铁路院校创造了前所未有的发展空间和用武之地。中国铁路高等教育与中国铁路建设相互促进，相互推动，相得益彰。

"一带一路"与大学担当

如前所述，"一带一路"贯穿亚欧非大陆，一头是活跃的东亚经济圈，一头是发达的欧洲经济圈，中间是发展潜力巨大的腹地国家，"一带一路"的这些经济特征已为人所知。然而，容易被忽视的是"一带一路"两端的东西方文明源头和沿线的跨文化交流，这正是大学在"一带一路"中应扮演的中心角色。推动"一带一路"沿线国家交流沟通和交融汇通，是大学的责任、担当和使命。共同提升教育国际化水平和服务共建"一带一路"能力，为迈向"人类命运共同体"做出新的独特贡献，大学能发挥不可替代的作用。

实际上，教育在共建"一带一路"历史伟业中具有基础性、先导性和支撑性作用。2016 年 7 月，中国教育部发布《推进共建"一带一路"教育行动》，强调教育为国家富强、民族繁荣、人民幸福之本，提出了"育人为本、人文先行，政府引导、民间主体，共商共建、开放合作，和谐包容、互利共赢"的 32 字原则，发出了共建"一带一路"教育共同体的号召（图 7.1）。

愿景　构建"一带一路"教育共同体
形成平等、包容、互惠、活跃的教育合作态势
促进区域教育发展,全面支撑共建"一带一路"

教育行动"五通"
基础性举措,教育互联互通合作

加强教育政策沟通
助力教育合作渠道畅通
促进沿线国家语言互通
推进沿线国家民心相通
推动学历学位认证标准连通

四方面合作机制
引领性举措,共建丝路合作机制

加强"丝绸之路"人文交流高层磋商
充分发挥国际合作平台作用
实施"丝绸之路"教育援助计划
开展"丝路金驼金帆"表彰工作

四个"推进计划"
支撑性举措,人才培养培训合作

"丝绸之路"留学推进计划
"丝绸之路"合作办学推进计划
"丝绸之路"师资培训推进计划
"丝绸之路"人才联合培养推进计划

中国教育行动起来
率先垂范,积极行动

加强协调推动
地方重点推进
各级学校有序前行
社会力量顺势而行
助力形成早期成果

图 7.1 《推进共建"一带一路"教育行动》

加强沿线国家教育交流合作，特别是高等教育合作，理当成为共建"一带一路"教育共同体的重要组成部分。目前，国内高校已与"一带一路"沿线各国高校建立了不同形式的人文交流机制，比如中俄大学校长峰会、中埃大学校长论坛、中以大学校长论坛、中国—东盟教育交流周、中非高校"20+20"合作计划等。国内部分高校与沿线国家的高校还建立了不同形式的境外合作办学，"走出去"和"引进来"也呈现出可喜的态势。

在"走出去"方面，厦门大学成立马来西亚分校，北京交通大学建立中俄交通学院，苏州大学成立老挝苏州大学，西南交通大学正在加紧推进共建印度铁道大学和筹建埃塞俄比亚铁道研究院，如此等等。在"引进来"方面，仅以深圳地区为例，莫斯科大学和北京理工大学已在深圳开展合作办学。可以说，高等教育合作在促进中华文明和其他异域文明的对话交流，促进沿线各国人民相亲相知、民心互通中正发挥着越来越重要的作用。

"一带一路"沿线各国教育特色鲜明、资源丰富、互补性强、合作空间巨大。中国大学应当秉持"包容发展"理念，积极对接沿线各国大学，互鉴先进教育经验，共享优质教育资源，全面推动高等教育提速发展。中国要致力于教育互联互通合作，进一步加强与沿线国家高等学校的合作与交流，加大"引进来"与"走出去"力度，开展多层次多领域的务实合作。依托自身学科优势，联合沿线相关院校共同筹建产学研用结合的国际合作联合实验室，积极筹建国别和区域研究基地，与沿线国家院校合作开展经济、政治、教育、文化等领域研究。

同时，致力于人才培养培训合作。面向国内，培养既懂工程又懂管理、既懂语言又懂商务、既懂法务又懂文化的复合型高级人才；面向沿线国家，加大引入来华留学生力度，提升留学人才培养质量。配合国内高铁、核电、通信等行业企业"走出去"，在沿线国家探索开展多种形式的合作办学，举办多层次的专业培训，在急需的专业领域联合培养学生。

交通改变生活，教育成就未来。培养具备高素质、高水平和丰富人文情怀的高铁人才，是铁路相关院校的题中之义。大学教育在注重专业和技能培养的同时，应切实肩负起促进人类文明和文化交流沟通、增进人类福祉的使命。需要强调指出的是，高铁不能仅仅是经济发达国家和地区的专利，富裕先进国家的高校、研究机构以及相关企业，应该通过开放研究平台和实验平台、联合建立研发中心、援建等多种形式，帮助欠发达国家和地区适时建设高铁，以推动世界包容性发展。

7.4 全面支撑高铁研发与建设：特色研究型大学的探索与实践

西南交通大学创建于 1896 年，横跨三个世纪，迄今已经走过了 121 年的光辉历程。西南交大因铁路而生，因轨道而兴，因高铁而强，是中国近代土木工程、交通工程、矿冶工程高等教育的发祥地，是中国铁路工程师、高铁人才的摇篮。

西南交大长期的艰辛奋斗和卓著贡献，一次次生动地诠释和升华着"灌输文化尚交通、文轨车书郅大同"的价值追求和崇高理想。近年来，学校加快推进交通特色鲜明的综合性研究型一流大学的建设，努力提升和彰显百年学府的科技创造力、学术竞争力和思想影响力。

经过长期建设，西南交大已构建起支撑中国轨道交通现代化建设和服务区域经济发展的学科、人才、科研"三大体系"，在轨道交通领域形成了学校历史最悠久、学科门类最齐全、专业配套最完善、核心资源最集中的综合优势，已经并将继续为中国高铁的研发与建设提供强大支撑。

人才培养与培训

人才培养、科学研究、服务社会、文化传承创新、国际交流合作是大学的五大使命，而人才培养是大学最根本的使命。人才是高铁发展的不竭动力和重要支撑，高校当凭借其雄厚的科研实力和丰富的智力资源，成为人才培养基地。在铁路进入高铁和"后高铁"时代，人才培养和培训的基础性和先导性更加凸显。

百余年来，西南交大培养出了诸如茅以升、林同炎、黄万里、竺可桢等多位彪炳史册的科学大家和工程泰斗，以及以 59 名海内外院士为代表的 30 余万名栋梁之材，中国轨道交通领域的院士几乎全是西南交大的毕业生。

学校秉承服务铁路交通传统，加大产学研协同力度，不遗余力地培养轨道交通所需的高层次人才。为顺应世界高等教育改革大势和适应高铁蓬勃发展的迫切需要，学校相继开发了"高速铁路工程 HSR"等多门国际课程，出版了相关全英文教材和著作；规划和开发了十多门高铁 MOOC 课程并全部上线。

学校与国际铁路联盟开展战略合作，已连续四年输送博士研究生前往国际铁路联盟总部参与联合培养和实践培训，多次联合举办"国际轨道交通学术论坛"。在成功开展埃塞尔比亚、伊拉克、乌干达等铁路高端培训项目基础上，正致力于中欧铁路沿线国家所需技术与管理人才的培训，并成立了"西南交通大学中国铁路技术国际培训中心"，为高铁"走出去"提供一揽子人才支撑。

科技创新与引领

长期以来，西南交大守交通之本，行大学之道。从世界首辆载人高温超导磁悬浮试验车的诞生，到世界第一条真空管道高温超导磁悬浮交通试验线建成；从虚拟轨道有轨电车的研发，到基于车联网技术的混合路权有轨电车的运控系统的提出，无不彰显着西南交大师生强烈的创新意识和引领轨道交通发展的坚强意志。

在滇缅公路、宝成铁路、成昆铁路、青藏铁路、京沪高铁等划时代工程领域，以及中低速磁浮和高温超导磁浮列车等轨道交通领域，西南交大创造了百余项中国第一乃至世界第一，其交通运输学科稳居全国第一。一大批具有独立自主知识产权的重大科技创新成果，已经成为中国高铁"走出去"的主打品牌。

曹建猷教授（中国科学院院士）提出的电气化铁路单相交流25kV的供电制式，奠定了中国铁路电气化发展的方向。钱清泉教授（中国工程院院士）开拓了铁道微机监控与综合自动化的研究方向。李群湛教授提出的同相供电技术和高仕斌教授牵头研制的绕铁芯节能变压器，已经成为未来轨道交通牵引供电新的技术方向。沈志云教授（中国科学院、中国工程院院士）提出的低动力轮轨作用，指明了重载和高速转向架能力的方向。

以沈志云教授的"沈氏理论"、翟婉明（中国科学院院士）和孙翔教授的"翟孙模型"为基础发展起来的高速列车耦合大系统动力学理论，已经成为车辆系统动力学研究的方向。在中国高速列车基础性研究和创新发展方向上，张卫华教授和他的团队在《时速300—350公里动车组总体技术条件》中又提出了若干创新要点。

学校在高铁发展方面具备坚实的科研基础和科研实力。目前，已拥有11个"国字号"与交通密切相关的国家实验室、国家重点实验室、工程研究中心（实验室）、国际科技合作基地，以及多个省部级科研平台，还建成"中国高速铁路战略研究中心""TOD研究中心""PPP研究院""中国高铁知识产权研究中心"等若干高速铁路软科学研究平台。11个"国字号"科研平台分别是：轨道交通国家实验室（筹）、牵引动力国家重点实验室、轨道交通电气化与自动化工程技术研究中心、陆地交通地质灾害防治技术国家工程实验室、综合交通运输智能化国家地方联合工程实验室、高速铁路运营安全空间信息技术国家地方联合工程实验室、现代交通通信与传感网络国际联合研究中心、系统可信性自动验证国家地方联合工程实验室、现代轨道交通车辆设计与安全评估技术国家国际科技合作基地、城市轨道交通系统安全保障技术国家工程实验室、综合交通大数据应用技术国家工程实验室。

科技创新是未来高铁发展的源动力，也是实现高铁未来"更高速、更智能、更安全、更经济、更环保、更人文"的现实依据，更是实现未来高铁技术突破和技术跨越的根本保障。学校坚持科教融合，依托牵头建设的国家首批"2011"计划——"轨道交通安全协同创新中心"，以及众多卓越的科研平台，深入开展高铁基础研究、核心技术和装备创新、一体化试验验证等工作，为中国高铁"走出去"提供创新成果和技术支撑。

2015年建设中的轨道交通国家实验室，创造了600公里/小时整车滚动振动台架试验的世界纪录。目前，学校围绕国家"一带一路""中国制造2025"和高铁"走出去"战略，从发展战略、基础科学、支撑技术、前沿技术四个方面，开展高铁、重载、新型城市轨道和高速及超高速高温超导磁悬浮交通的创新研究，力争在关键技术、共性技术、前沿技术实现突破和跨越。

国际交流与合作

在世界经济高速发展和全球化潮流下，未来高铁将是世界各国之间陆路交通的最基本方式之一，也是世界各国之间互联互通的最主要方式之一。在高铁领域开展国际交流与合作十分必要，通过包括大学、科研机构和企业在内的国际同行间的交流切磋、相互学习借鉴，取长补短，可以更小的代价、更高的效率、更短的周期，获得高铁更卓越的品质。

教育国际化战略是西南交通大学确定的三大战略之一。自2010年起学校先后与国际铁路联盟（UIC）、伊利诺伊大学厄巴纳—香槟分校（UIUC）、泰勒·弗朗西斯出版集团、爱思唯尔集团达成合作伙伴关系。特别地，与UIUC联合成立高速铁路教育、科研与发展中心，是国际铁路联盟在中国的唯一大学战略合作伙伴，已联合举办了三届轨道交通国际学术论坛。

学校陆续开展了针对埃塞俄比亚、乌干达、肯尼亚、坦桑尼亚、伊拉克、越南、俄罗斯、巴基斯坦、老挝等国的国际铁路短期培训项目。2015年5月作为中国政府推荐和指定的大学与印度铁道部合作，援建印度铁道大学。2016年起学校积极推进与俄罗斯高校特别是铁路院校在轨道交通领域的全面战略合作。

附　录

坚持走中国特色自主创新道路*

——中国高速铁路的成功实践

在全国科技创新大会、两院院士大会、中国科协第九次全国代表大会上，习近平总书记发出了建设创新型国家、建设世界科技强国的号召，强调"必须坚持走中国特色自主创新道路，面向世界科技前沿、面向经济主战场、面向国家重大需求，加快各领域科技创新，掌握全球科技竞争先机"。习近平总书记在大会上充分肯定了包括高速铁路在内的多项工程技术成果，指出这些工程科技成果和其他一些成就、基础科学突破一起，为我国成为一个有世界影响的大国奠定了重要基础。中国高铁经历了从无到有、从弱到强、从"跟跑"到"并跑"再到"领跑"的过程，实现了从"技术引进"到"中国制造"再到"中国创造"的跨越式赶超，形成了完整的高速铁路勘察、设计、建设、装备、运营、安全管理标准体系以及高铁装备品牌和自主知识产权，已成为"中国制造"和"中国速度"的标杆。中国高铁成功开

---

* 本文为本书作者发表于《求是》2017年第4期的署名文章。

辟出一条具有中国特色的高速铁路创新发展之路，是坚持走中国特色自主创新道路的成功实践。

一、中国高铁的创新发展历程

自 2008 年开通第一条时速 350 公里的京津城际高铁以来，我国陆续建成世界上等级最高的高速铁路"京沪高铁"，世界上首条高寒高速铁路"哈大高铁"，世界上最长的高速铁路"京广高铁"（2298 公里）。截至 2016 年底，我国高铁运营里程已突破 2 万公里，居世界第一位，占世界高铁总里程的 65% 左右。2015 年我国还分别与俄罗斯、印度尼西亚达成协议，合作修建"莫斯科—喀山"高铁和"雅加达—万隆"高铁，成功实现中国高铁由国内迈向世界的突破性进展。

我国高速铁路取得的巨大成就，赢得社会各界的广泛赞誉，得到党中央、国务院领导的充分肯定。习近平总书记在考察相关企业后指出："高铁是我国装备制造的一张亮丽的名片。"李克强总理在不同场合强调，中国高铁具有技术先进、安全可靠、性价比高、运营经验丰富等巨大优势。回顾中国高铁的创新历程，大致可划分为四个时期：技术积累期（2004 年之前）、技术引进消化吸收再创新期（2004—2008 年）、自主创新期（2008—2012 年）和全面自主创新期（2012

年至今）。

技术积累期：奠定高铁创新发展的坚实基础。早在上世纪 90 年代初，原国家科委就将"高速铁路成套技术"列入国家"八五"重点科技攻关计划，组织相关科研力量着手联合攻关，为兴建京沪高铁做了必要的前期技术储备。此后，铁路部门依靠自身技术力量，立足自主创新，先后研制出以"中华之星"为代表的十几种高速列车型号。虽然这一时期我国研发的高速列车与国外先进国家相比存在较大差距，但通过自主研发，为下一时期的技术引进消化吸收再创新提供了技术与人才储备。

技术引进消化吸收再创新期：为高铁创新发展注入新动力。2004年 4 月，国务院下发《研究铁路机车车辆装备有关问题的会议纪要》，明确了高速动车组引进消化吸收再创新的技术路线，原铁道部会同国家发改委决定实施"以全面转让技术为前提，以引进核心和关键技术为重点，以国内企业为主体，以国产化为最终目的"的行动方案。我国引进四家世界最先进的高速动车组制造技术，成功搭建 200 公里和 300 公里两个速度等级的高速列车技术平台，成功掌握高速动车组的九大核心技术和十大主要配套技术。这一过程为我国高铁创新发展注入新动力，极大地推动了高铁基础理论和关键技术研究的全面进步，大幅度提升了高铁技术装备水平。

自主创新期:有力支撑高铁创新形成自主知识产权。2008年2月,原铁道部会同科技部共同签署《中国高速列车自主创新联合行动计划》,提出建立并完善具有自主知识产权、国际竞争力强的时速350公里及以上的中国高铁技术体系。两部委联合行动,以政府为主导、企业为主体、市场为导向、项目合作为纽带的方式实现科技创新,推动我国开展高速列车正向设计和自主创新。2010年具有高度自主知识产权的国产CRH380系列高速动车组相继下线,成功实现对头型、轻量化车体、转向架、减振降噪、系统集成等关键技术的突破,为下一阶段实现核心技术全面自主创新打下坚实基础。

全面自主创新期:推动高铁创新跨入"中国标准"。2012年,按照国家创新驱动发展战略,坚持自主知识产权、安全可靠、标准化、系列化、简统化、经济性、节能环保等原则,我国积极推进具有完全自主知识产权的"中国标准"动车组研制。2015年6月,中国首列标准动车组正式下线,标志着高铁创新正式跨入"中国标准"时代。中国动车组技术标准体系在大量采用中国国家标准、行业标准以及专门技术标准的同时,积极融入部分国际标准和国外先进技术标准。同时,以出口高速动车组为突破口,带动工务工程、牵引供电、通信信号、运营管理等高铁成套技术出口,全面打造"中国高铁"品牌,实现中国高铁"走出去"的战略目标。

二、中国高铁创新成功的关键因素

短短十几年，中国在成为全球最大高铁市场的同时，正成长为全球重要的轨道交通装备供应商，取得的成就与发展速度十分惊人。中国高铁的自主创新为什么能够成功？关键因素有以下几个方面。

一是以政府为主导做好顶层设计和整体规划。中国政府基于国情路情审时度势，及时做好顶层设计和有效的产业整体规划，在国家战略层面上绘制了中国高铁"四纵四横"的发展蓝图，明确了中国高铁机车车辆装备"引进消化吸收再创新"的技术路线。铁路主管部门强势整合国内市场，统一口径整体对外谈判。通过设置战略买家和力推"关键技术必须转让、价格必须最低、必须使用中国品牌"的引进原则，既避免了国内企业各自为政被各个击破的窘境，又以有利地位低成本地跨越了高铁强国有意为之的技术"护城河"，促进了国内企业与国际最先进技术平台的高水平对接，为中国高铁高起点自主创新奠定了扎实基础。

二是充分发挥企业的主体作用。企业是市场主体和产业主体，更是技术创新的主体。中国高铁企业充分利用市场这一配置创新资源的决定性力量，推动高铁快速发展。首先，以市场需求为导向，引导高铁企业的创新方向。中国高铁要针对本国复杂地质气候条件以及长距离、高密度、不同速度等级共线跨线运行等技术需求，开展高速铁路技术的研发创新。其次，以市场竞争为目标，加速提升高铁企业的自主创新能力。以原南车北车两大企业、三大技术平台为代表，基于市场原则展开同行业内的有序竞争，实现高速铁路的自主创新。再次，以产业协同为动力，撬动全产业链的创新发展。高铁作为知识与技术密集型产业，其创新过程是一项跨学科、跨专业、跨行业的复杂系统工程，必须围绕产业链部署创新链，促进高铁全产业链的创新发展与整体升级。

三是充分依靠产学研"三位一体"的科技和人才资源。注重发挥高校、科研院所、企业各自在基础研究、应用研究和开发研究上的比较优势，充分发挥科技与人才的中坚力量，以市场需求为导向，以科研项目为依托，构建产学研"三位一体"相结合的开放式创新平台，是中国高铁成功创新的关键。产学研"三位一体"的科技创新模式，既立足当前，着力突破重大关键技术，支撑高铁产业迅速发展；又着眼长远，超前部署前沿技术，引领未来高铁产业持续协调发展，形成了对中国高铁创新的有力支撑。

四是大力弘扬奉献、开拓、卓越的高铁精神。精神是力量的源泉、行动的先导。中国高铁在短短十几年取得如此巨大的成就，精神因素所起的作用不容忽视。铁路人的"火车头"精神和"青藏铁路"

精神，与以国家利益为重、敢担当、勤学习、重实干、争创新的铁路品质相结合，凝结成爱国奉献、敢为人先、追求卓越的强大精神力量，成为实现中国高铁创新发展的一笔宝贵精神财富。

三、中国高铁创新发展的有益启示

认真总结中国高铁创新发展的成功经验，对当前深化科技体制改革、实施创新驱动发展战略、建设创新型国家具有深刻的启示，对其他行业尤其是市场规模巨大、产品系统复杂的高端装备制造业也具有重要的借鉴意义。

启示之一：充分发挥社会主义制度的优越性，集中力量办大事。习近平总书记指出："我们最大的优势是我国社会主义制度能够集中力量办大事。"中国高铁技术具有高度复杂性和综合性特征，需要各部门的密切配合。2004年国务院批准的《中长期铁路网规划》从国家层面构建了中国铁路运输发展的战略蓝图，在此规划指导下，铁路主管部门通过统一市场、统一对外谈判、统一产品采购等制度手段低成本引进国外先进动车组技术，形成以企业为主体、以"产学研"协同创新为动力的集智攻关局面，充分彰显了高效的组织动员力、权威的指挥协调力和步调一致的坚强行动力，充分体现了社会主义制度能够集中力量办大事的优越性。

启示之二：坚定走自主创新的道路，保持"以我为主"的战略定力。中国高铁之所以能在短期内脱颖而出，重要原因在于充分利用全球创新资源，以实现核心技术独立自主为目的进行实践探索。在全球化时代，对全球创新资源的利用更为便利，但是核心技术尤其是能够持续提升产业竞争力的资源变得更为稀缺，难以从公开市场上通过交易获得，必须依靠自主创新。中国高铁奋斗的历程表明，铁路人在各个发展时期始终坚守自主创新意识，以"以我为主"的战略定力塑造真正的创新自信。中国当时引进技术有一项重要政策：所有零部件必须为国产，即使国内暂时造不了要买国外制造的，外国公司也必须和国内企业合资经营，才可以进入采购名单。诸如此类的政策，就是对自主创新意识和定力的生动诠释。

启示之三：着眼于长本事的"市场换技术"，以提升自主创新能力为主线，推动全产业链发展。以中国巨大的市场规模换取国外先进技术并不困难，难的是引进技术能够做到消化吸收，关键技术能够做到突破掌握，复制性模仿能够提升为探索性创新。换言之，不是简单地以市场换技术，而是要掌握关键技术，更要着眼提升自主创新和持续创新能力，培育自主品牌。中国高铁从引进伊始，便确立了"引进先进技术、联合设计生产、打造中国品牌"的基本方针。由此不仅帮助中国高铁产业建立起现代化的制造体系，还获得了完整的产品生产与运营经验，以最小的代价、最短的时间推动高铁全产业链的大发展。

启示之四：充分发挥国有企业在重要领域和关键行业的体制优势和主力作用。在关系国民经济命脉的重要领域和投资规模大、建设周期长、效益见效慢的关键行业，充分发挥国有企业的体制优势和主力作用尤为重要。正是依托体制优势，铁路行业的大型国有企业才能够以国家战略和国家利益为导向，以国家重大项目为依托，以强大的组织号召力为保障，整合庞大的产业链上下游，实现在统一目标下的有序分工协作和互利共赢，最终突破制约行业发展的重大关键技术难题，并通过自主创新建立中国标准，实现了从追赶走向引领的历史性跨越。

加速突破轨道交通前沿技术和战略性颠覆性技术 *

今天，轨道交通已经成为中国推进新型城镇化的新动能、走向世界的新名片。

2016 年 6 月 29 日国务院常务会议原则通过了《中长期铁路网规划》，规划了以沿海、京沪等"八纵"通道和陆桥、沿江等"八横"通道为主干，城际铁路为补充的高速铁路网。同时，伴随"一带一路"和高铁"走出去"战略深入实施，中国正在加速推进欧亚高铁、中亚高铁、泛亚铁路三条跨国高铁建设。毋庸置疑，中国轨道交通技术发展，已经成为推进新型城镇化，加速高铁"走出去"的关键支撑。

目前，在基础设施建设方面，轨道交通正加速覆盖全球范围内自然环境更为恶劣的地区。复杂海洋环境和艰险山区一直是轨道交通基础设施建设的重点和难点，多种特殊地质地貌单元、生态脆弱、极端气象环境地区甚至成为建设"禁区"，相关领域基础理论研究还存在

---

* 本文为本书作者为《铁道学报》2016 年第 10 期所写的卷首语。

着许多空白，在关键技术的科学性、经济性与不确定性等方面存在明显不足，对高铁"走出去"战略的决策和行动支撑不够的问题日益突出。在重大装备方面，高速动车组、通信信号和牵引供电等装备已通过引进消化吸收再创新，实现了自主设计、国内生产和安全运行，形成了中国标准的高铁产品。但是，面对轨道交通强国持续创新的挑战，中国亟须发展更高速、更经济、更环保、更安全的下一代高速铁路装备技术，以更具竞争力的新技术和更加智能化的新产品，保持中国高铁可持续发展的竞争优势。

例如，高速列车具有智能和自适应能力的转向架技术，包括高铁"走出去"所需的变轨距技术，新材料的轻量化车体技术，大功率电子变压器技术，永磁电机及其牵引控制技术，全电制动技术，同相供电技术，节能变压器技术，装备状态监测技术，新材料与新工艺的应用，大容量的无线通信和更加准确的移动闭塞技术，智能化的运输组织和动态调度技术等，都将是下一代高速铁路发展的核心技术。另外，运能更大的重载技术、既有铁路的技术改造与升级技术，也将是轨道交通技术发展的重点。

另一方面，轨道交通已从传统的干线铁路向多样化发展，城市轨道交通发展迅猛，新技术不断涌现。中国100％低地板新型城市有轨电车技术应用广泛，围绕供电系统的创能、传能和储能新技术，燃料电池、超级电容、无线传能等新技术研究十分活跃。避免与地面交通干涉的跨坐或吊挂式单轨列车技术，轨道交通"最后一公里"的自动运行"轿厢"列车技术，低成本的虚拟轨道列车技术也已引起广泛关注。随着长沙机场线磁浮列车的开通运营，人们对磁浮列车寄予了无限期望，国家也已经在"十三五"先进轨道交通专项中立项开展时速200公里的中速磁浮交通系统和最高设计时速600公里的高速磁浮交通系统研究。

日本低温超导磁浮列车实现时速603公里的载人试验和东京到名古屋（最终到大阪）运行线的开工建设，证实了利用超导磁悬浮技术打造更高速度的轨道交通的可能性，而中国具有自主知识产权的高温超导磁浮列车技术，以独特的自悬浮、自导向和自稳定性能，成为时速1000公里左右的地面超高速轨道交通的最佳模式。此外，采用真空管道的地面超高速轨道交通备受关注，西南交通大学在2014年创建了世界首个真空管道高温超导磁悬浮交通实验系统，引起了国际学术界的广泛关注，IEEE旗舰刊物Spectrum称之为"超级轨道"（super chute）。最近，随着美国基于真空管道的超级铁路（Hyperloop）概念的提出和工程化研究，近声速的地面超高速轨道交通正在离你我越来越近。

轨道交通技术迭代升级、日新月异。我们有理由相信，《铁道学报》作为中国轨道交通领域最高学术交流平台，一定将成为下一代高速铁路技术、新型城轨技术、磁悬浮交通技术、真空管道交通技术的"播种机"和"宣传队"。

中国高铁"走出去"应有国家级指挥部[*]
——高铁走出国门，将开启以"路权"支撑"陆权"的
　　新陆权时代

2014年6月16日至19日，国务院总理李克强对英国进行正式访问并举行两国总理年度会晤。引人瞩目的是，有关高铁合作的内容被写进了两国发表的联合声明中。这也是李克强第四次在出访中向外国推荐中国高铁。

不仅如此，近段时间以来，土耳其安卡拉至伊斯坦布尔高铁二期主体工程完工，全套"中国标准"的埃塞—吉布提铁路正式铺轨。陆续见诸媒体的消息表明，中国高铁走出国门的步伐正在加快。

近日，《中国青年报》记者专访了西南交通大学校长徐飞教授。他认为，中国高铁"走出去"适逢千载难逢的重要战略机遇期，并将为中国带来一个以"路权"支撑"陆权"的新陆权时代，助力中国走

* 本文刊发于《中国青年报》2014年7月10日第7版，为该报记者对本书作者的专访。

出一条具有中国特色的国家安全道路。

中国青年报：中国高铁在对外开放和外交舞台上频频现身，有什么特殊的含义？

徐飞：近年来我们越来越重视"海权"，但在向东（太平洋）开放遭遇美国围堵的新安全形势下，我们有必要重新审视"海权"与"陆权"关系，建立一种对冲海权的新陆权。

国家在坚决实施深蓝战略的同时，以高铁为支柱、形成向西进入大西洋和向南进入印度洋的突围之势，这将建立起保障国家总体安全的、以"路权"支撑"陆权"的新陆权时代，助力中国走出一条具有中国特色的国家安全道路。与此同时，在已有且不断增强的基于太平洋的海权基础上，打造基于印度洋、大西洋乃至北冰洋的新海权。

因此，高铁"走出去"维系着中国在欧亚地缘政治和全球格局中的战略地位，承担着国际安全、经济安全、政治安全、国防安全的重大使命。

中国青年报：怎样实现以"路权"支撑"陆权"？

徐飞：从长远的空间布局来看，应涵盖三个维度。一是继续规划、磋商、加紧施工四条战略线路，即：欧亚高铁，从伦敦出发，经巴黎、柏林、华沙、基辅，过莫斯科进入中国境内乌鲁木齐，最终抵达北京。中亚高铁，从新疆喀什出发，经由哈萨克斯坦、乌兹别克斯坦、土库曼斯坦、伊朗、土耳其等国，经保加利亚进入欧洲，最终抵达德国。泛亚高铁，从昆明出发，依次经由柬埔寨、泰国、马来西亚，抵达新加坡。中巴铁路，从新疆喀什出发，过伊斯兰堡，直达卡拉奇和瓜达尔港，进入印度洋。

二是加快推进中非铁路建设。可规划两条线路：从沙特阿拉伯、也门、迪拜，抵达埃塞尔比亚进入非洲；或从科威特、伊拉克、叙利亚（大马士革）、约旦，经埃及苏伊士运河进入非洲。

三是加紧研究中俄加美高铁。从东北出发一路向北，经西伯利亚抵达白令海峡，以跨洋隧道穿过太平洋到达阿拉斯加，再从阿拉斯加往加拿大，最终至美国。

中国青年报：德国、法国、日本、加拿大等国家是传统的高铁技术强国，历来在国际市场具有强大的竞争力。作为后来者的中国高铁在国际市场有什么优势？

徐飞：就外部环境来看，全球经济进一步复苏，北美高铁建设发展起步，欧亚大陆经济走廊作用凸显，非洲铁路现代化需求旺盛。就自身条件来看，中国产业结构升级加快，与相关国家产业发展互补性增强；中国交通装备技术完善、运营经验成熟、质量和性价比高，在国际市场享有良好声誉。

中国青年报：那么，挑战在哪里？

徐飞：中国高铁走向国际市场，面临着资金筹措、技术标准、跨国营运等异常困难与严峻挑战，也深受国际政治、市场、产业、法律、金融和文化等各种环境因素的交错影响。

首先，面临着德国、法国、日本、加拿大等已具备高铁技术优势的发达国家的激烈竞争。而相关国家高度关切国家安全、资源保护、企业利益等自身因素，也导致合作谈判困难重重。如"印度教徒报"网站曾发表文章称"印度对中国高铁说不"。

技术标准成为国际贸易中的技术壁垒。在高铁标准已被国外垄断或使用、欧洲标准具有天然排他性等背景下，中国高铁核心技术只有取得国际专利和产权保护，才能畅行世界。

另外，投融资和营运模式仍不尽成熟，BT、BOT、EPC、PPP等模式各有利弊，存在盈利风险。还有一些发展中国家政局不稳、宗教冲突、文化相斥，这也是中国高铁"走出去"的不可控因素。

中国青年报：应该怎样应对这些挑战？

徐飞：建议国家从统领战略实施、凝聚产业合力、构筑培养培训体系、打造国家智库、创新投融资方式等五个方面进行应对。

高铁项目是大买卖，不是单纯的企业对企业就能谈判的，它一定是政府行为，所以国家层面应该有个"指挥部"——高铁"走出去"国家战略委员会。政府主导、分工协作、组团推进，从政治、经济、产业、装备、投融资、外交、国防和文化等多个维度，协调各方、超前规划、强势推进，为高铁"走出去"国家战略实施提供时间表、路线图，并以此为平台进一步加强政府间的对话和协商，与进入国建立常态化的沟通协调机制。

为减少国内企业间过度竞争和不良竞争，消解内耗、一致对外，集团化参与海外竞争，应加快建立中国高铁"走出去"国际产业联盟，形成覆盖高铁产业全生命周期的组织协同系统。尤其应加快建立和完善中国高铁国际化标准体系，推进中国高铁标准的研制和推介。

中国高铁"走出去"仅是我们的意志，"走得进"才是硬道理。中国高铁"走出去"，还应坚持人才培养培训先行，为持续走出去搭建人才"蓄水池"。

中国高铁"走出去"还需要一个高水平的国家智库。建议筹建高铁"走出去"世界性发展研究基地，为中国高铁"走出去"战略提供全方位"智库"服务，建立高铁"走出去"区域性发展研究中心。作为世界"三个一极"的非洲，将成为中国高铁"走出去"的重要前哨，可适时成立"非洲高速铁路研发中心"，为中国高铁登陆非洲大地提供强有力的前瞻性智力支持。

高铁走出国门，还应探索稳妥和高效的全新投融资方式，以应对陌生环境带来的风险和挑战。具体路径包括通过加强银企合作，灵活采用投融资模式，提升国际金融市场融资能力，研究并推广"资源换高铁"模式，加快推进国际银行建设等。

李克强总理这次访问英国，就谈到了英国北方到伦敦的高铁项目。如果中国高铁修到了曾经的日不落帝国英国，那将具有划时代的里程碑意义，因为世界上第一条铁路就诞生在英国。这也将昭告世人，中国不再只有工业链中的低端产品鞋子、袜子、打火机，中国还有高铁。

茅以升工程教育理念的再实践 *

2016 年是我国一代科学大家茅以升先生 120 周年诞辰。

茅老毕生以振兴中国的桥梁和铁道事业为己任。抗战前期他临危受命，主持修建中国人自己设计并建造的第一座现代化大型桥梁——钱塘江大桥。在大桥通车仅仅 89 天时，为阻止日本帝国主义的大举入侵，茅老又亲手炸掉了自己修建的大桥，并在炸桥当晚赋诗明志，表达了"不复原桥不丈夫"的爱国豪情。抗战胜利后，茅老又在很短的时间重新修复了钱塘江大桥。一座大桥，历经 14 年的建桥、炸桥、复建史，凝结了茅老把一切奉献给祖国的拳拳报国之心。

茅老于 1911 年考入交通部唐山工业专门学校（西南交大前身）土木工程系，在校学号 393，1916 年毕业总评成绩 92 分，名列年级第一。 1917 年，先生作为留美官费研究生考试第一名留学康奈尔大学，1919 年成为美国卡内基梅隆工学院首位工学博士，学成后毅然回母校任教。1920 年先生回母校，24 岁任教授，不到 30 岁即出任母校

* 本文为本书作者发表于《光明日报》2016 年 3 月 1 日第 14 版的署名文章。

第 21 任校长，是当时最年轻的大学教授和校长之一。茅老回顾自己的读书生活时曾说："这 14 年的努力，好比造桥，为我一生事业建造了坚实的桥墩。"

茅老先后四度出任母校校长，尤其是在抗日战争时期执掌母校的四年间，他倾其所有力挽学校于既倒，使交大得以历经十余次数千公里辗转而重回唐山。茅老对母校的热忱，我们感恩之情无以言表，而茅老的教学睿思更是我们的宝贵财富。

"先习而后学"

茅老一生致力于授业育人和教育改革，尤其对高等工程教育极为重视，最为人称道的当属"习而学"的教育理念。用茅以升先生自己的话说，"习而学"的思想源自《大学》中的"致知在格物"。这正与现代建构式学习理论相呼应。

这种"先习而后学"的思想，在高等教育正在发生根本变革的今天，仍然闪烁着智慧的光芒。关于知识的来源和获取方法，自古以来一直存在着外源论和内源论之争。而综合二者之要义的建构主义则认为，学习本质是个体在已有经验和知识的基础上，与外部世界相互作用，建构自己新的知识和理解的过程。因而学生是学习的主体，是积极的知识发现者与建构者。

早在 20 世纪前半叶，先生就已经敏锐注意到高等教育中存在的问题。他指出，教育"使学生处于被动，形成'填鸭式'教育，并有空谈理论而好高骛远的危险"，因而反对"授课以灌输知识为唯一要义。对于生徒之创造性如何启诱，智力如何发展，个性如何鉴别，多置不问。以致学生受教日深，机械性日重"的教育方法。显然，茅以升先生对"教"与"学"做了深刻的思考，体现了"以学生和学习为中心"的现代教育理念。如今西南交大校"四维一体"创新人才培养体系中强调"知识探究"而非"知识传授"，正是为了推动这种教育理念而做的教学实践。

垒石为塔，塔底广则塔顶高

作为工程教育家，茅老并未因为关注工程教育而忽视学生的全面教育和培养。他在 1981 年撰文指出："学文科的要学理，学理科的要学文。大家都可以学点音乐、美术之类。"他还援引马克思、恩格斯酷爱数学的例子告诫青年人："要想当专家，首先应当是'博士'，要想成为某一门知识的专家的同志，千万别把自己的视野限制在这门学科的范围内。"在他看来，"通"和"专"并不存在根本冲突，它们的关系就好比"垒石为塔，塔底愈广，塔顶愈高"。

在这个创新的时代，西南交通大学希望做的，不是简单的承袭苏联的专才教育和美国的通才教育，而是探索通识教育基础上的宽口径专业教育，把茅以升先生的教育思想落实到教学管理中，做到通识教育与专业教育的深度融合。

茅老曾根据多数工程师的意见，把工程师的成功要素归纳为六个方面，并据其重要程度依次排列为：品行、决断、敏捷、知人、学识及技能。我们认为，这些要素的培养过程应当发生在五个课堂之中，即：传统和现行的课堂教学及由此衍生的课下教育方式，是为第一课堂学习；各类文化、科技、文体、社团、公益、兴趣小组等课外活动的教育体验，是为第二课堂学习；各类社会实践、实习、实训和义工等实践活动的教育行为，是为第三课堂学习；国际化的交互学习，包括树立国际教育理念，建设和使用国际教学资源，开展国际合作办学，营造和体验国际化教育环境，是为第四课堂学习；网络E-Learning，即 MOOC 课程、易班（E-class）、云学习、翻转课堂等虚拟课堂和网络交互学习，是为第五课堂学习。

"五个课堂"协同推进人才培养，其主要目标是构建"价值塑造、人格养成、能力培养、知识探究""四维一体"的具有交大特色的创新人才培养体系，核心要素是五课堂融合的人才培养方案，根本方法是建立"五个课堂"协同融合的、体现培养全过程的培养体系，实现"五个课堂"的全面深度融合。

茅老认为："许多知识都是互相联系的。要想学得深，在某一方面作出成就，首先就要学得广，在许多方面有一定的基础……有些知识，看起来与自己的专业无关，但学了，见多识广，能启迪你的思想，加深对知识的理解，促进学习。"他还提出"各生所受之教育，应以知识广阔学力充实为原则"，要"多加涉猎人文学科"，克服"学生所受功课为物质所囿，缺乏陶情养性之文化学科教育，胸襟狭隘，不谙人事、经济、行动、机械等"之陈弊，这是典型的跨学科的教育思想。

为加强跨学科培养，我们在茅以升学院先行试点，通过跨学科专业、跨学科课程、跨学科教学团队与跨学科课堂构成打造跨学科教育平台。2015 年，在研究性拔尖创新班的基础上，成立了涵盖工科、理科、文科、金融等多个领域的跨学科复合精英班，采取大类招生与大类培养相结合，跨学科学习与个性化培养相结合的方式，学生根据兴趣及特长选择一个主修专业和一个辅修专业，从多种专业组合中进行跨学科的学习。 2016 年，学校建设首批跨学科课程，课程教学团队跨工科、理科、文科、金融等多学科以及教学、科研、管理、企业等多领域，课堂学员也由全校各种专业学生构成。

茅老从教期间，经常在课余时间约请学生来自己家里交谈，从无拘无束的谈话中了解学生对课程掌握理解的程度。西南交大成立的第一座书院，就是以老校长茅以升的字命名的——唐臣书院。书院形则一座有书的院子，但其内涵绝非一座具象的建筑，这里浸润着书香、生长着力量、充盈着智慧、弥漫着情怀。学贵得师，教育的真谛应该发生在老师和学生之间。

我们希望每一个交大人都能够将茅老宅心仁厚的德行、尽心知性的修为、家国天下的情怀、忠恕任事的作风、求真务实的品格和开拓创新的勇气世代传承。通过书院这个载体，使师生之间、生生之间的沟通交流、砥砺攻错畅通无阻，将追求学问、培养品德的过程融入学生的成长点滴之中。

后 记

    本书是在我近年来多次论坛演讲和会议发言基础上发展而来的。从 2013 年下半年起，我先后出席中国高铁"走出去"高峰论坛、中国高铁"走出去"发展战略研讨会、"一带一路"轨道交通发展与合作论坛、丝路经济带与中国高铁"走出去"战略论坛、轨道交通 TOD & PPP 国际研讨会、第九届世界高铁大会（东京），以及 2016 全球大学校长高峰论坛、中欧高等教育与人文交流高峰论坛、中俄大学校长高峰论坛（莫斯科）、第四届中印战略经济对话（新德里）、教育部直属高校工作咨询委员会第 25 次全体会议、中国高等工程教育峰会等会议和论坛，并应邀作主旨演讲和主题发言。主题涉及"一带一路"、高铁"走出去"、中国高铁全球战略价值、中国高铁全球战略、高铁未来与大学工程教育等。

    本书能以现在的样子呈现给读者，得益于格致出版社忻雁翔女士的促进。没有她的督促和协助，本书的出版无疑还会拖延更长时间。从她给我的信函中得知，早在 2013 年她从微信上关注到我的几篇关于高铁的文章时，就有了做成书的构想萌芽。实际上，从 2010 年忻女士做由我主编的《大方无隅》一书的责编开始，到后来我又在格致出版社出版《文化的力量》《战略联盟稳定性、破缺性与演化实证》以来，我们一直有很多联系。去年年底她协助我把近二十篇有关"一带一路"和高铁战略的演讲稿、讲话稿以及发表在《学术前沿》《中国工程科学》和《光明日报》等期刊上的文章打散后排列组合成成体系的章节，形成了本书的雏形。在此基础上我主要利用今年寒假，通过增写补充、归并提炼、优化结构、打磨完善后最终定稿。在整个成书的过程中，她提出了诸多建设性的修改建议，不仅如此，她还负责全书的校订并协助我绘制了所有图表。此外，她对书名的反复斟酌，对封面设计和开本版式字体等选用的精益求精都令人感慨和感动。感谢忻女士卓越的编辑工作，感谢她的智慧贡献和辛勤付出！

在我到西南交通大学履职的三年多里，我得到了学校许多同事的关心帮助和支持，与他们的交流对我而言是一个极其重要的学习机会。他们中的很多人都是中国乃至世界轨道交通领域最杰出的学者和科技工作者，向他们讨教、交流和切磋让我备受教益。

我要特别感谢西南交大沈志云院士、钱清泉院士、翟婉明院士，感谢张卫华教授、何川教授、罗世辉教授，感谢西南交大中国高铁发展战略研究中心主任高柏教授和"一带一路"开发研究院院长向宏教授。在这里需要感谢的同事还非常多，恕不一一列举他们的名字。对他们最好的报答就是加快交通特色鲜明的一流大学建设步伐，早日实现"大师云集、英才辈出、贡献卓著、事业长青"的交大梦。

在我近年来出席的多场有关"一带一路"的论坛活动中，与各领域多位海内外学者和官员的探讨咨议，使我获益良多。我要特别感谢政协第十一届全国委员会副主席厉无畏教授，感谢外交部欧亚司前副司长姚培生先生、外交部国际经济司高振廷参赞，感谢国家发展改革委综合运输研究所汪鸣所长、国家发展改革委国际合作中心区域合作与开放研究所敖万忠所长、国家推进"一带一路"建设工作领导小组办公室何江川处长，感谢商务部国际贸易经济合作研究院欧洲研究部刘华芹主任、商务部国际贸易谈判代表办公室武雅斌博士，感谢中国人民解放军军事科学院肖裕声少将、空军指挥学院战略教研室乔良少将，感谢中国社会科学院世界经济与政治研究所国际战略室薛力主任和四川省社会学科学院李后强书记。

同时，十分感谢《光明日报》社沈卫星副总编和刘伟副总编。诚挚感谢英国利兹大学校长 Alan 爵士、北京外国语大学校长彭龙教授、中欧国际工商学院前院长朱晓明教授、美国伊利诺伊大学厄巴纳—香槟分校（UIUC）铁路研究中心 M. Rapik Saat 教授。还要感谢中国教育国际交流协会宗瓦副秘书长、中欧协会冯耀武会长。感谢联合国开发计划署亚太区域中心治理部区域项目 Patrick Duong 主任，联合国开发计划署减贫、公平与治理处谷青处长，波兰罗滋省及罗滋市政府驻成都局代表处首席代表 Izabela Kalinowska 女士。特别地，感谢巴基斯坦驻成都总领馆 Hasan Habib 总领事和土耳其驻上海总领馆 Deniz Eke 总领事。

这些年来，在多次出席有关中国高铁"走出去"的研讨会、论坛及参与有关课题研究中，有机会和国家铁路局、铁路总公司、铁路院校和科研院所、铁路骨干企业及国际铁路联盟的领导、专家和同仁当面交流，本书的很多观点都受到他们的启发。我要由衷感谢原铁道部部长傅志寰院士、副部长孙永福院士和中国铁道学会卢春房理事长，感谢交通运输部副部长兼国家铁路局局长杨宇栋博士、国家铁路局党组成员郑健先生、科技与法制司严贺祥司长，感谢中国铁路总公司陆东福总经理、总工程师何华武院士。深切感谢中国工程院副院长田红旗院士、北京交大王梦恕院士、石家庄铁道大学杜彦良院士，感谢中国中车奚国华总裁、王军副总裁、张新宁总工程师、王勇智总信息师，感谢中国铁路工程总公司李长进董事长、中国铁路国际有限公司黄弟福总经理。诚挚感谢中国中车株洲电力机车刘友梅院士、丁荣军院士和中铁大桥局秦顺全院士，感谢铁道科学研究院董守清副院长、中铁二院朱颖总经理、中铁四院王玉泽副院长以及中国铁路经济规划研究院林仲洪副院长。最后，还要感谢国际铁路联盟（UIC）总干事长 Jean-Pierre Loubinoux 先生和 UIC 客运及高速铁路技术部主任 Ignacio Barron 先生。

当然，本书中如果有任何错误和不当，责任在我，与以上各位无关。

不用说，家人的理解、鼓励和爱是我工作生活的最大动力和快乐源泉。父母和家人非常善良厚道，宽容我因公务繁忙而疏于给他们的关爱和问候，女儿阳光上进让我十分快慰。妻子包揽了几乎所有家务，对我生活无微不至体贴有加，让我心无旁骛地专注于工作和写作，这对完成本书至关重要。

在本书即将付梓之际，首届"一带一路"国际合作高峰论坛于 2017 年 5 月 14 日至 15 日在北京隆重举行。29 位外国元首、政府首脑，以及联合国秘书长、红十字国际委员会主席等 3 位重要国际组织负责人出席高峰论坛，来自 130 多个国家的约 1500 名各界贵宾作为正式代表出席论坛，规格之高影响之大前所未有。同时，中国政府宣布将于 2019 年举办第二届"一带一路"国际合作高峰论坛。从国家主席习近平在 2013 年秋天提出共建"一带一路"合作倡议起，三年多来"一带一路"不仅给古老的丝绸之路赋予新的时代内涵，而且业已成为新形势下我国对外开放的一项历史性创举和"世纪工程"。

站在新的历史方位纵横"一带一路"，我们当合纵连横，纵横捭阖，应势而为，乘势而上，通过高铁等基础设施的加速成网，实现互联互通大合作，为构建人类命运共同体做出新的更大贡献。

徐　飞

2017 年 6 月

图书在版编目(CIP)数据

纵横"一带一路":中国高铁全球战略/徐飞著.
—上海:格致出版社:上海人民出版社,2017.7
ISBN 978-7-5432-2762-0

Ⅰ.①纵… Ⅱ.①徐… Ⅲ.①"一带一路"-高速铁
路-铁路运输发展-品牌战略-研究-中国 Ⅳ.
①F125.5②F532.3

中国版本图书馆 CIP 数据核字(2017)第 130462 号

责任编辑 忻雁翔
装帧设计 人马艺术设计·储平

纵横"一带一路"——中国高铁全球战略

徐 飞 著

出 版	世纪出版股份有限公司 格致出版社	印 刷	上海中华商务联合印刷有限公司
	世纪出版集团 上海人民出版社	开 本	720×1000 1/16
	(200001 上海福建中路 193 号 www.ewen.co)	印 张	20.75
	编辑部热线 021-63914988	插 页	5
	市场部热线 021-63914081	字 数	180,000
	www.hibooks.cn	版 次	2017 年 7 月第 1 版
发 行	上海世纪出版股份有限公司发行中心	印 次	2017 年 7 月第 1 次印刷

ISBN 978-7-5432-2762-0/F·1038   定价:68.00 元